10分鐘學會看懂
陽宅風水
黃恆堉、李羽宸◎合著

黃恆堉　序

在五術命理風水的學科中，陽宅開運佈局算是與我們最息息相關的，因為我們每天的工作場所或休息的住家，都是一個空間，有了空間就會有磁場的感應，好的感應就會帶來好的運勢。什麼是好的磁場呢？就是在某一空間裡，陽光都能照射到，每個空間空氣都能流通，整個擺設都能整齊定位，屋宅之水源乾淨無雜，就是好磁場，陽光、空氣、水，樣樣不缺就是好陽宅。

所以您住家或公司的佈局，如有本書的各種現象，足以堪稱為不佳的現象。鼓勵您儘速改善，因為有形就有煞，有形就有靈，雖然經一段時間印証，並沒有書中所說的現象，但不表示不會發生，只是時間尚未走到，如果可以的話，先做好預防的動作，應該是一種正確的選擇吧！

俗語說：福地福人居，顧名思義就是只要為人樂善好施，不管住在什麼樣的房子都會得到好的運勢，反之心存不善，再好的房子給您住，可能也無法得到好運勢。

當我們運途不佳時，我們也許會怪房子不好，有一些人就會找風水老師來調整陽宅，坊間陽宅老師眾多，所以學派也很多，找三個老師就會有三種不同的看法，到底要聽哪一個呢？有些老師還鐵口直斷該房子不能住，要儘速搬家，否則會怎麼樣……但老師不知是否了解每位客戶的處境，有的人真的連搬家都有困難，所以是不是可以不用搬家，而改用一些有效的開運佈局方法來改善呢？

本書就依陽宅學理，舉例出一百多種比較不符合自然法則的陽宅佈局，來讓我們自我檢視，如果有此一百多種現象，要如何來開運制煞以防止一些凶象發生，這種制煞方法可能比搬家更簡單方便吧。

本書的編排應該每個人都可以看得懂，不必學陽宅理論，裡面的一百多種舉例完全是以形家的觀念理論來論斷吉凶，當然也符合「有法就有破」的論述來指引讀者找到破解的方法，以便讓我們的居家更舒適。坊間有太多的陽宅書籍都編寫得不錯，但總是有些深奧，而且一些建議好方法，好像用不上，但本書絕不會有這種情況，因為案例中的每種剋應，您都可以親自印証，當然也可以自行調整，自行做開運佈局，所以本書可稱為陽宅開運DIY的工具書。

本書作者所編寫過且在各大書局販售的五術命理書籍，如《學八字這本最好用》、《學姓名學這本最好用》、《數字論吉凶》、《初學手相這本最好用》、《大師教您論八字》、《史上最好用的萬年曆》、《大師教您學八字》，每本都用最簡單的編寫方式呈現，所以都受到很不錯的好評，相信本書也一樣會受到喜愛。

只要您用心研讀大約7天，您將可學會陽宅斷吉凶，當然去到親朋好友家也可以侃侃而談論風水，他大概也會尊稱您一聲大師了。

最後希望本書的出版，能帶給一些居家較不順的朋友，得到一些些的改變，往後的日子更平順，這才是我最想要的目的。

台中市五術教育協會理事長
吉祥坊易經開運中心　黃恆堉
0936-286531
網址：www.kk131.com
網址：www.abab.com.tw

李羽宸 序

風水之學，源於周易。即無所不備，周而復始；日月為易，象徵陰陽。古人有云：「地靈人傑，人傑地靈」。

是謂敦厚之地，人多福壽。秀穎之地，人多清秀。卑濕之地，人多重濁。高亢之地，人多率直。散漫之地，人多遊蕩。險仄之地，人多殺傷。頑梗之地，人多植拗。平夷之地，人多忠信。此乃形家陽宅學之概要。

相宅經之說，可分為「外六事」與「內六事」：「外六事」包括建物、道路、池塘、橋梁、廟宇，電塔、電柱、河川、樹木、招牌等。「內六事」包括大門、客廳、廚廁、臥室、神位、辦公桌、樓梯等。此內外六事和日常生活息息相關，關係家庭和諧、事業順遂的維繫與成敗。除了陽宅外局形煞，內局的配置也格外重要，尤其是大門，乃為納氣之口，氣乘門而入，始分內外，而分方位，論其吉凶。

本書特將陽宅診斷妙法，以及居家八方位《詳列二十四山》化繁為簡、易辨易學。舉凡諸多內外局形煞與佈局，均詳盡列述。而氣場通暢，身體自然就會健康，人際關係更加活絡，性格也會變得柔順，氣質也會無形中更加提升。因此風水對居家的影響是非常深遠，而且無遠弗屆的。而居家二十四方位，可以用來尋找大門、神位、床位，操作簡單、辨識明確。吉凶方位各半，取其福德、進財、官爵、官貴、旺莊、興福、旺產、進田、榮福、姻親、歡樂、旺財而用之；捨其瘟疫、長病、訴訟、自吊、法場、癲狂、口舌、哭泣、孤寡、少亡、娼淫、敗絕而棄之。配合宅氣光明、動線合宜、顏色潤澤、整齊清潔，其家必定宏基永固、滿堂瑞氣。

《中國五術教育協會》成立至今已逾十年，全國也有七個各地的縣市分會，本會宗旨皆以科學態度研究易經：山、醫、命、卜、相之五術文化，破除迷信，教育民眾正確之五術常識，提升國民生活品質；增進同好之交流與情誼，共同開創社會祥和之風氣。並且定期與不定期舉辦五術講座、座談、研習、義診、義相等活動。而本會對於五術之研究，皆以學術為依據，在人心空虛、無助、徬徨的時候，能得到適時的心理輔導與迷津撫慰。

所謂：「入門三相，便知其家」，本書付梓旨在導正一般人對於陽宅正確的認知，祈使每位讀者都能夠深得其用，自助而助人。最後謹以《中國五術教育協會》三尊保護神：謙虛、尊重、禮讓，與大家共勉，祝福大家、謝謝大家，感恩！

高雄縣五術教育協會理事長　李羽宸
庚寅年仲夏謹序於吉謙坊命理開運中心
網址：www.3478.com.tw
吉謙坊命理開運中心　負責人
高雄縣五術教育協會　理事長
中國五術教育協會　副理事長
國家喪禮服務丙級技術士禮儀師
南京大學國學院風水規劃師　副研究員
台中縣陽宅教育協會　監事、學術講師、榮譽會長

第三章　十分鐘學會斷陽宅吉凶

陽宅排盤軟體安裝說明

將電腦開至桌面上

將軟體放入光碟機中會自動啟動或按光碟機檔案中SETUP執行

會出現陽宅排盤軟體（試用版）及專業版說明，選一後按該鍵就會執行

不會使用時請電TEL:04-24521393

本書附贈的陽宅排盤軟體功能解說

本書附贈軟體功能簡介（有◎的才能使用）。其他功能專業版才可執行

有意購買專業版者，請洽04-24521393黃老師或0930-867707李老師

◎一、八字排盤預覽與列印

◎二、紫微排盤預覽與列印

◎三、安神二十四方位吉凶電子書

◎四、吉祥羅盤用法解說電子書

◎五、陽宅診斷規劃表列電子書

◎六、各項開運制煞物品用法解說電子書

七、八宅明鏡排盤預覽與列印

八、八宅明鏡各方位吉凶論斷（可診斷內外陽宅吉凶）

九、紫白飛星排盤預覽與列印

十、紫白飛星各方位吉凶論斷（可診斷內外陽宅吉凶）

十一、三元玄空排盤預覽與列印

十二、三元玄空各方位吉凶論斷（可診斷內外陽宅吉凶）

十三、乾坤國寶排盤預覽與列印

十四、乾坤國寶各方位吉凶論斷（可診斷內外陽宅吉凶）

十五、館號修改

十六、封面列印

如果需要將專業版軟體帶回家或總合派陽宅教學DVD也請來電洽詢。

也可上網查詢：www.abab.com.tw 或 www.3478.com.tw

第一章

如何診斷陽宅吉凶優劣

每一個人都有一個窩，這個窩的好與壞可由幾個觀點來探討。以前論斷陽宅大都以巒頭、理氣為主，隨著社會的演變，論斷陽宅的優劣就要加上生活美學才能更加貼切。

就以陽宅與生活美學角度：

1、影響人生禍福吉凶的要素有那些

一是天，指天命；二是地，指環境，包括陰宅、陽宅；三是人，指人的條件、努力及修持。這三種要素，缺一不可，否則判斷就容易有偏差。

2、陽宅的應驗度

陽宅是吾人居住的空間，只要方位磁場與人的磁場不能相容，甚至排斥，則磁波的感應，會隨時間之久遠而產生一定的變化，含身體的不適及運勢的乖違。至少居住三年就會有所應驗。

3、空間磁波對生活的影響

磁場有地理及生物兩種磁場。地理磁場受星曜引力、節氣及方位影響人的血液循環、腦波活動、神經系統的傳輸，因而影響人的生活方式。

第一節　以現代陽宅生活美學區分

1、理氣美學

磁場對人既然有影響，則地理及生物磁場就要配合。依八宅派說法，則宅卦與命卦就要相配。

據言之，宅卦分東西、四宅：坎、震、巽、離方為東四宅；乾、兌、坤、艮方為西四宅。人亦分東西、四命：坎、震、巽、離命者為東四命；乾、兌、坤、艮命者為西四命。東四命者宜住東四宅，西四命者宜住西四宅，宅命相配，就是舒適的磁場感應。

2、景觀美學

（1）選擇符合自然的居住環境。

（2）避免宅外沖剋的環境。

（3）宅地造型以樸素方正為原則。

（4）創造庭園的自然美景。

3、結構美學

（1）格局力求方正。

（2）空間區隔，力求動線分明，畸角不宜太多。

（3）裝璜質材與其華而不實，不如堅固耐用，使用耐高溫質材。

（4）採光、通風宜求中和。

4、色彩美學

（1）居家宅地色彩調配原則：

暖色系—紅、橙、黃色。

冷色系—藍綠、藍、藍紫色。

中性色—綠、紫色。

（2）空間明暗燥濕調配原則：

明亮鮮艷，有前進、伸展的作用；深暗沉靜，則有後退、收縮的作用。

明度高有輕巧的感覺，明度低有穩重的感覺。

（3）依個人命格喜忌來調配：

喜木者宜綠色系列，喜火者宜紅色系列，喜土者宜黃色系列，喜金者宜白色系列，喜水者宜黑色系列。

5、情境美學

（1）動靜哲學：

動中有靜：喧鬧放盆景以吸氣，如黃金葛、萬年青等。

靜中有動：宜營造聚氣的氣氛，如適當位置擺設魚缸或水局等。

（2）字畫藝品的陳列原則：

宜配合身份：商家如關公，農家如廿四節氣圖，醫生如華陀像，公務員如山水富貴花，一般人如福祿壽、勸善圖。如為避邪的字畫，則不宜懸掛在臥室；至於古董器物，來路不明者不宜收藏。

（3）園藝盆栽的擺設：

盆栽的擺設，是為了化煞不利的格局或聚氣用。以葉圓而大者為佳，忌針葉狀的植物。至於杜鵑、桑、桃、柳、藤等具不佳意象的盆栽，不宜陳設。

（4）特殊方位的佈置：

財位、文昌位等特殊方位，宜擺綠盆栽或聚寶盆以聚氣，且不可凌亂。

6、總結

人人都有趨吉避凶的心理，尤其不利的因素，定要設法排除。當然這要涉及五術常識，故一有機會，宜多進修五術「山、醫、命、卜、相」，所謂「知己知彼，百戰百勝」。不過個人特別重視人為的修持，人人能多行善事，並秉持「謙虛」、「禮讓」、「尊重」等三尊保護神，則居家幸福美滿，社會祥和安康。

（以上文章是擷錄洪富連老師所著的五術津梁一書）

第二節 什麼是好的陽宅格局

所謂好格局就是，本宅的前面（明堂）要有乾淨的空地，後面要有比本宅稍高的房子（靠山），左邊（青龍）要有稍低的房子，右邊（白虎）也有稍低的房子。

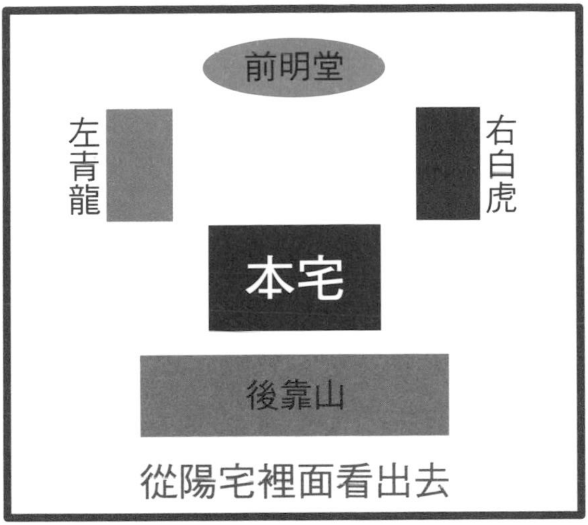

陽宅方位概念

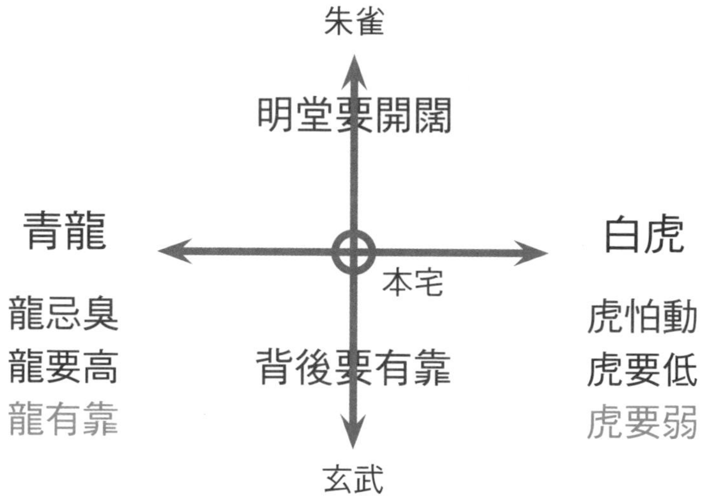

第三節 在判斷陽宅吉凶優劣需從哪些角度來切入

1、外局：

查看外陽宅形煞位置對於家中何人有何對應病剋或血光之災，財氣旺不旺，並建議改進事項。

◎十四種不宜購買的陽宅（外局篇）：

1、位於馬路交叉成剪刀形體的陽宅。
2、馬路高過地基。
3、屋前有路沖或反弓或屋後有深河。
4、位於山脊或稜線上的房子。
5、位於高架橋或高架道路旁的房子。
6、位於山坡地或地基不穩的房子。
7、低窪或河邊有水患之虞的房子。

8、房子蓋在河流上或水溝上方。

9、開門即見到墓地或殯儀館，若太近亦不可。

10、位於山谷出口或山凹迎風處的房子。

11、溪水流經庭院再流出去的房子。

12、風化區或特種營業區周邊。

13、地基前高後低的房子。

14、位於廟前廟後或廟四周、都市內神明壇的樓上樓下或左右相鄰者。

2、內局：

查看屋內各項設施與擺設位置之吉凶，並建議改進事項。

◎十二種不宜購買的陽宅（內局篇）：

1、房屋的中心點在室外。

2、屋型不方正整齊，歪斜破碎。

3、進入人門，客廳在最後面或離大門最遠處。
4、樑柱太多，天花板太低。
5、大樹穿入宅內。
6、暗室太多，宅內採光不易。
7、前後門在一直線上，而中間無法阻隔。
8、馬桶或爐灶正對大門或大門一開可直接見到爐灶或馬桶。
9、廁所正門對廚房門或其他房間門，無法改善或阻隔。
10、廁所或廚房在房子正中央。
11、臥室三面皆為窗戶。
12、樓梯位於住宅的中央。

3、神位、神靈鑑定：

觀看家中神佛是否正靈正駕，是否原來之神靈尚在，若神靈已走是否有被外靈佔據，神位安置位置是否正確。若家中要安置神位，哪一位神尊比較有緣，且比較有助力。

一般來說，大家學了以下的「擺放神壇十六法」，在擺放神壇的時候，都可以合乎風水的原則了。

1、不可向著鏡子。

2、不可向著廁所（孤陰）。

3、不可向著廚房（燥陽）。

4、不可向著臥房（人位）。

5、不可向著金魚缸。如果神位向著鏡子或金魚缸，便要把鏡子及金魚缸搬往別處。

6、不可向著主人家的相片。

7、後面不宜靠著廁所（污水）。如靠著廁所，主家人多毛病。

8、後面不宜靠著廚房（燥火）。如靠著廚房，家人性情比較暴躁。宜在兩者之間擺放一塊屏風來阻隔，問題自能化解。

9、下方不可擺放魚缸，此犯「割腳水」。

10、上方不可出現橫梁，家人的工作會因此出現沉重的壓力。

11、下方不可擺放音響，此犯「聲煞」。

12、不可以安奉在門旁，因為家人在關門的時候，都會發出了「澎」的響音，這便是犯「聲煞」，而且關門時會造成震盪，這亦會影響神祇。

13、不要後無靠，否則主人家無說服力，很難取得他人的信任，所以神位後方最好為牆壁，背著窗則最差。

14、前要「潔淨」，不要擺放古靈精怪的飾物。

15、下方不宜為通道，這令神祇坐得不穩，家人的運氣便會反覆。

16、不宜向門，這樣的神位犯了「門沖煞」，亦代表家人的運氣出現反覆的情況（除非門為生旺的吉位，反喜向門來趨吉）。

第四節　何種狀況下需要鑑定陽宅

1、房屋入住3年以上，但對身體健康及個人財務，皆無助益者。

2、入住現住房屋後，覺得每隔一段時間或隔幾年就會發生類似狀況。譬如：明顯意外血光，或每次受傷都傷到相同部位，或家中某一個人常受傷，或每隔一段時間就會有意外事件讓自己破財。

3、工作上非常努力又十分忙碌，但存款就是一直沒增加。

4、公司或工廠營業狀況不穩定，譬如：賺一年賠兩年或是賺兩年賠一年，錢財長期累積下來皆白忙一場。

5、自覺家中似乎住得不安穩，或受干擾、或小孩沒外出卻也時常受到驚嚇。

6、一直很虔誠拜神禮佛，但似乎得不到安定的心；有力不從心的感覺。

7、一切都很順利，但錢財就是累積不出來。

8、現住房屋居住5年以上，近期卻出現重大疾病者。

9、爛桃花一大堆，一直無法去除，或家中另一半出現外遇。

10、在家中往外看，看到很突兀的建築，或看了不舒服的景觀事物。

11、已經邀請其他人鑑定過陽宅，也依此人所指示去做了改變，但一年過去舊狀況仍然存在者。

12、工作中時常受上級的氣，或自己身邊小人不斷。

第五節　診斷陽宅如何面面俱到

以下的陽宅評量規劃表就是讓我們能一一認真去檢視陽宅的內外局，如果有不合形家格局或理氣不對，是否可有改進的地方，需用什麼樣的開運制煞品來改善，我們都一一詳列清楚，如果能做到改善，那就是符合標準的居家陽宅，久居就能好運連連。

診斷陽宅共分幾個部份，經檢視後沒什麼缺點ok就在（可）的地方打勾，需改進就在（改進）的地方打勾，需用（開運制煞）物時請在欄位打勾順便將開運制煞物標上，這樣一來就不會有所遺忘。

區域	診斷項目	可	改進	開運化煞
陽宅整體概論	屋頂↓影響頭腦			
	外大門↓影響口、鼻			
	內大門↓影響喉嚨			
	橫樑、樑柱↓影響骨頭			
	牆壁↓影響皮膚			
	路、通道↓影響腸			
	窗↓影響眼、耳、鼻			
	神位↓影響精神、神經			
	灶↓影響胃			
	床↓影響肝			
	水↓影響腎、泌尿系統			
	後門↓影響肛門			
	客廳↓影響心臟、胃			

區域	診斷項目	可	改進	開運化煞
外陽宅	房子外觀有無方正、地基有無正方			
	房子有無被路沖、巷沖沖到↓會有意外破財			
	房子有無被光折射到			
	房子是不是位於無尾巷			
	房子有被壁刀對到↓會有意外血光破財			
	房子有被屋角對到↓意外血光破財			
	面山，正面有大樓↓面壁煞			
	側面或對面有大樓↓稱高壓煞			
	房子面對下坡路↓叫退財煞			
	房子有反弓煞、面對河或路↓破財、血光			
	房子旁有高架橋、路、鐵道↓稱鐮刀煞			
	房子呈Y字形水、路↓剪刀口			
	水從屋中流過↓嚴重漏財、身體欠安			
	懸空屋↓辛苦一輩子			
	房子外觀或對面有棺材形物體↓稱棺材煞			
	房子有缺角嗎↓缺角損人丁			
	房子有前寬後窄－退財屋			
	房子有前窄後寬↓錢財滿滿			
	不規則型↓家中有缺憾			

外陽宅

房子呈順水局↓財流走

房子呈逆水局↓迎財

附近有無墳場、殯儀館↓陰煞

面對軍營、警局、監獄、政府機關↓官司煞

面對教堂、寺廟↓孤剋煞

面對高壓電塔、避雷針↓電磁煞

面對兩棟大樓中間夾縫↓天斬煞

面對招牌、霓虹燈↓刀煞

面對鄰居所安置的八卦鏡、制煞品↓八卦煞

面對燈柱、電線桿↓當頭棒喝

住家過於貼近河川↓割腳煞

住家背後為鳥不生蛋之土地↓廉貞煞

住家會受到大樓玻璃反射↓反光煞

住家對面有電梯車道路口↓開口煞、黑洞

住家獨高——孤峰煞↓欠缺安全感

屋型前圓後方↓富貴雙全

屋型三角型宅叫火形屋↓易生火災，人丁離散

屋型呈狹長形↓心胸不開朗

丁字路口↓前穿心煞，後暗箭煞

路面比住宅地基高↓退財屋

單獨，獨棟屋↓氣運不利

區域	診斷項目	可	改進	開運化煞
外陽宅	房子東南有缺↓生育不利			
	房子西南有缺↓消化器官不好			
	房子東北有缺↓呼吸器官不好、子息少			
	房子東邊有缺↓生活艱辛			
	房子西邊有缺↓會生麻煩事			
	房子南邊有缺↓不得安寧			
	房子北邊有缺↓破財意外			
	圍牆頂部有簷蓋↓招惹訴訟			
	圍牆，牆邊牆壁破↓家中有人不順			
	房子正南部份突出↓常搬家流動			
	房子朝東北或西南↓家運常變化			
	住家東邊有無窗戶↓有—吉			
	住家北邊有無窗戶↓有—不吉			
	東北或西南有雜物或亂↓犯小人、常有小病痛			
	屋前有一小形建物叫槌胸屋↓心臟病、血光			
	探頭屋↓易遭小偷			
	長瘤屋↓暗疾、耗財			
	房子東邊有動↓精神差、血光			
	房子龍過堂↓貴人相助			

區域	診斷項目	可	改進	開運化煞
外陽宅	房子左邊白虎抬頭→女人身體差、子女不聽話			
	房子左邊白虎昂頭→婆媳不合、子女心情差			
	房子左邊白虎回頭→損丁、破財			
	房子左邊白虎帶刀→血光耗財			
	房子正前方有猛虎開口→血光、損財、意外			
	房子左邊白虎昂頭帶刀→家運身體不佳			
大門	大門加蓋→付出比收入多			
	拱形門→易有官司			
	大門有一扇→財不聚一手進，一手出			
	大門太大→洩氣退財			
	大門會不會太小			
	大門會不會太低			
	大門會不會太高			
	前後門直通→穿堂煞			
	大門破損、污穢→是非多			
	大門亂掛東西→鼻子不好，小孩不聽話			

區域	診斷項目	可	改進	開運化煞
大門	大門內側貼東西↓影響宅運			
	大門對大門↓口角是非			
	大門對樓梯↓退財			
	大門對電梯↓猛虎開口血光			
	大門對屋角↓意外血光			
	大門對壁刀↓意外血光			
	大門有無玄關			
	大門有無對到其他門			
	其它門有無用門簾遮住			
	大門正位於東北與西南線上↓遇陰邪怪事			
客廳	進入客廳的動線擁塞、充滿雜物，不便行走			
	客聽地面為黑色或深色系↓沒精神			
	一進門大門就對到鏡子↓心神不定			
	客廳不是在入門處↓主人沒面子			

客廳				
客廳動線好不好				
客廳財位不乾淨↓不聚財				
客廳沙發擺法對不對				
客廳有無明亮↓明廳暗房				
客廳橫樑有無影響				
客廳的掛圖方向對不對				
客廳的植物有無綁紅線↓由陰轉陽				
客廳的燈是圓燈或直式日光燈↓圓比較好				
客廳沙發顏色與大門方位五行有無搭配				
客廳天花板有無過低				
從客廳有無看到多個房間門				
客廳有陽光進入嗎				
客廳陽台有無缺點				
陽台之植物盆栽會不會太高？				
陽台有無打掉情形				
陽台植物宜左高右低				
客廳沙發裝飾品宜用我剋之色（對門向）				
沙發後不宜有山水圖往人前流走				
客廳掛圖植物不宜太多（超過3盆）				

區域	診斷項目	可改進	開運化煞
臥室	有無通風、透氣順暢和緩		
	光線會不會太暗或太亮		
	格局有無方正		
	有無過多的門窗		
	門外有無沖煞		
	床有無被樑壓到		
	整潔與否壁紙或地毯顏色用對嗎？		
	燈光有無照到床位，照到不好		
	鏡子有無照到床位		
	電視鏡面有無照到床位		
	床有無對廁所門		
	門有無對到床		
	床不要直貼地		
	鏡子有無對到門		
	床底下有無放置雜物		
	臥室門有無沖神位或廚房門		
	臥室門沖廁所門		
	臥室門被尖角射到		
	臥室門沖走道		

臥室

臥室門與臥室門相對

有無房中房

床頭不宜在屋樑下、冷氣下

床頭不宜在五黃位或二黑位

床頭兩邊不宜有桌角

床頭之牆壁不宜有人像圖或結婚照

床不宜四方都無依靠

主臥室宜在房子後面

主臥室有無太大

主臥室有沒有比小孩子的大

臥室不宜擺凶猛或奇異的掛圖

床頭不要朝西方

床位是否懸空

床位在灶的上方、下方都不好

睡的方位有沒有朝向灶

床不可緊靠灶位

床位在神位的上方不好

睡的方向腳不可以朝向神位

床位在廁所的上方

床位在廁所的下方

床位被辟刀對到也不好

區域	診斷項目	可改進	開運化煞
辦公桌、書桌	辦公桌、書桌宜龍過堂（左邊）為佳		
	辦公桌、書桌虎邊（右邊）宜靜、短、小		
	辦公桌、書桌最好面對逆水局		
	座位背後不要有人走動		
	桌子前最好有明堂		
	桌位前沒有明堂表示很辛苦		
	桌位不可被門沖或由背後沖		
	桌位盡量靠牆否則不佳		
	座位後方最好有靠		
	決策者座位方向宜統一向開門方		
	桌子遭橫樑或直樑壓辦公桌時讀書有壓力		
	書桌被櫃子的壁刀或角沖射到		
	書桌背後儘量不要靠廁所牆壁		
	書桌在廁所的上方或下方，凶不吉		
	書桌座位不可看到（沖到）外部水塔		
	書桌不要被巷子、道路、沖到		
	書桌不要懸空，否則腦袋空空		
	公司執行者辦公室宜在公司後方		

區域	診斷項目	可	改進	開運化煞
文昌位	**文昌位**			
	座北朝南（坎宅）文昌位在東北方			
	座東北朝西南（艮宅）文昌位在北方			
	座東南朝西北（巽）文昌位在中宮或西南方			
	座南朝北（離宅）文昌位在南方			
	座西南朝東北（坤宅）文昌位在西方			
	座西朝東（兌宅）文昌位在西南方			
	座西北朝東南（乾宅）文昌位在東方			
	座東朝西（震宅）文昌位在西北方			
廚房與灶位	入門不能見灶位			
	廚房灶位廚房位不懸空			
	廚房上下不能是樓梯、神位、臥室、廁所			
	爐灶後面不宜有樓梯，電梯、窗戶			
	爐灶對面不宜有角、壁刀、雜物			
	抽油煙機代表呼吸道宜保持乾淨			
	爐灶不宜沖神位			

廚房與灶位

- 爐灶上方不能曬衣服
- 廚房地面不宜凹凸不平
- 灶位應座凶向吉
- 灶位忌背空（窗戶）
- 灶位忌斜歪
- 灶位沖門，走道代表凶
- 灶位忌沖（明沖、暗沖）廁所馬桶
- 灶位忌外沖、壁刀、尖角、屋脊
- 樓梯下忌設灶位，凶
- 灶上有樑，大凶
- 灶上有水管，竹竿、電線橫過（凶）
- 灶下有排水溝，凶
- 灶前正對水龍頭，水火相剋
- 灶爐與水槽相臨不佳，應適度隔開
- 灶爐不與冰箱相對，水火相剋
- 忌一家有兩個爐灶
- 忌廚、廁同一室
- 補藥、藥品煮好立刻拿走，否則常吃藥

爐灶下不宜放置利器雜物穢物。

區域	診斷項目	可	改進	開運化煞
廁所	大門與馬桶相對↓破財、腸胃病是非			
	廁所門與冰箱相對↓傷胃、腸、腹			
	進門不宜見廁所			
	廁所通風是否良好			
	廁所不宜設在房子中間			
	廁所門不宜對到其它的門			
	廁所地面不宜凸出或凹下			
	廁所牆壁不宜設神位			
	廁所不宜壓文昌位			
	廁所在北方是凶相			
	廁所門和大門同方向是凶			
	廁所馬桶對到廁所門			
	廁所排水狀況是否良好			
	廁所是否髒亂不潔			
	廁所有無裝設門簾			
	廁所有無制煞			

區域	診斷項目	可	改進	開運化煞
神位	神位朝向對不對─最好是逆水局			
	神位安本命四吉方─生氣、延年、天醫、伏位			
	神位不可對到任何門			
	神位後方不可為廁所或樓梯			
	神位下方不宜放置任何東西			
	神位高低左右必須參考文公尺─吉字			
	神位上方不可樑壓			
	神位不宜安大門兩側			
	神位不可安在臥室			
	所供奉神尊以奇（單）數為佳			
	神位前明堂宜開闊			
	神位不可被燈箭（直式之日光燈）所傷			
	神位與祖先牌位供奉，神位宜在左邊			
	神明香爐宜高於祖先爐			
	神位前明堂宜開闊不小於神桌兩倍半			
	神位及香火坐向不宜與房子反向－家運漸退			
	住家安奉之神明香爐宜沒有雙耳			

神位

祖先香爐宜有雙耳			
神桌上方不宜有馬達聲響			
神位旁邊不可擺大盆栽			
神位不可安在樓梯下			
神像牌位後不宜被相框直、橫條射到			
神位不可沖任何刑煞			
神爐發爐主吉、祖先爐發爐主凶			
神桌忌放雜物			
神位最好三面有靠			
神像不供奉要貼上紅紙且擺出來			
家宅神尊最好安坐姿的			

以上由外陽宅檢查到內陽宅，如符合原則請在（可）的地方打勾，需改進就在（改進）的地方打勾，需用（開運制煞）物時請在欄位打勾，順便將開運制煞物標上。

如此一來，一項一項逐一檢查，方能達到盡善盡美的目的。

最後做總檢討，將必須馬上改進的用以下表格強調說明，一個月內改善完畢，這樣一來，才能符合居家陽宅規劃的目的。

開運佈局法建議

區域 / 診斷項目	可	改進	開運化煞
外陽宅形煞有無制煞必要		v	用山海鎮
客廳財位需催旺嗎		v	放聚寶盆
文昌位有無定位或乾淨	v		書桌乾淨
臥室有無定位整齊		v	鏡子移開
廁所該注意事項		v	粗鹽淨化
神位該注意事項		v	桌下乾淨
廚房該注意事項		v	門對到瓦斯爐移動
大門該注意事項	v		

檢查出來後，就要進行改造，完成後就會有明顯效果。

第二章 形家內外陽宅吉凶解析

引財

引財就是如何將財引進家中。為什麼需要引財這個動作呢?因為房子本身座向是順水局，也就是房子的大門得不到來水或來氣，整個房子就會比較無財氣，所以必須運用引財法來增加財運磁場。

現象

水由自宅的後方往前流走，就需藉由引財法來增加磁場。

開運方法

建議可安置一組由七個龍銀組成箭頭形狀的引財圖，放在大門入口處將財引入，然後用地毯蓋住或在入口處安置一組有流水的風水球。

風水球

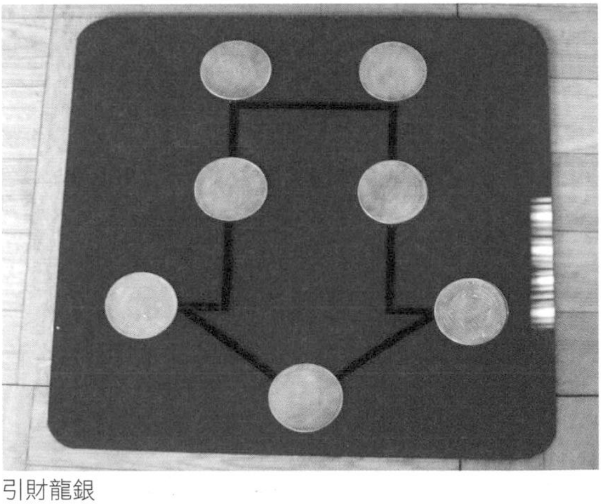
引財龍銀

催財

催財就是如何將家中的財運磁場，幫助它動起來。為什麼需要催財這個動作呢？因為住在屋宅中總是感覺賺錢有限，好像沒有財運的動能，而且永遠沒有偏財運的感覺，所以必須運用催財法來增加財運磁場。

現象

賺錢好像永遠不夠花，錢好像很難賺的樣子。

開運方法

建議可安置催財貔貅、麒麟等，放置在財位來催動財運磁場。

貔貅一頭朝外咬錢回來

銅麒麟一放財位可鎮宅鎮財

聚財

聚財就是如何將財富不斷的增加。為什麼需要聚財這個動作呢？因為有錢好辦事：錢多有很多好處，一來不會為生活煩憂，二來想要過什麼樣的生活就能過什麼樣的生活多好，三來所謂貧窮佈施難——有錢人可以幫助人，成為富中之富的人。

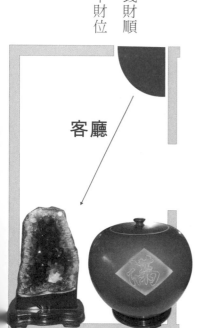

現象

錢財累積的不順利或不夠快，就需藉由聚財法來增加磁場。

開運方法

建議可安置一組聚寶盆或水晶洞，將錢財順利累積起來，再將聚寶盆或水晶洞放在家中財位或入門的對角處即可。

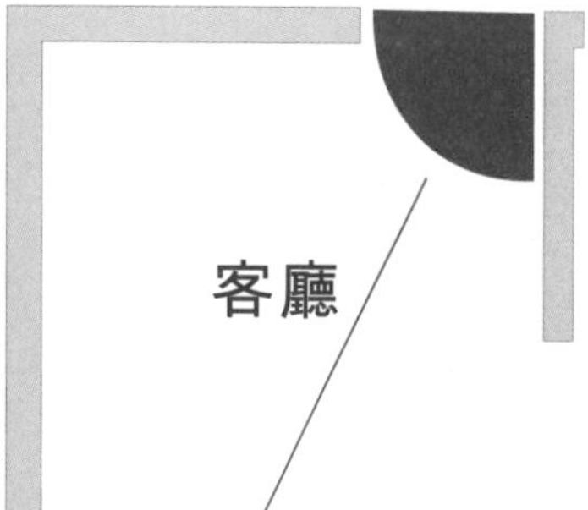

求一切平安順利

「鹽」等於緣，它不但能增加人緣，且能對考試運有莫大的幫助，每當考季來臨，各地文昌廟香火鼎盛，無非想求得金榜題名，現在流行粗鹽開運法，電視及網路也普遍流行及討論，粗鹽能去除厄運、改善磁場，是祖先流傳至今的一種開運方法，如果您相信的話，粗鹽會有很大的靈動力喔！

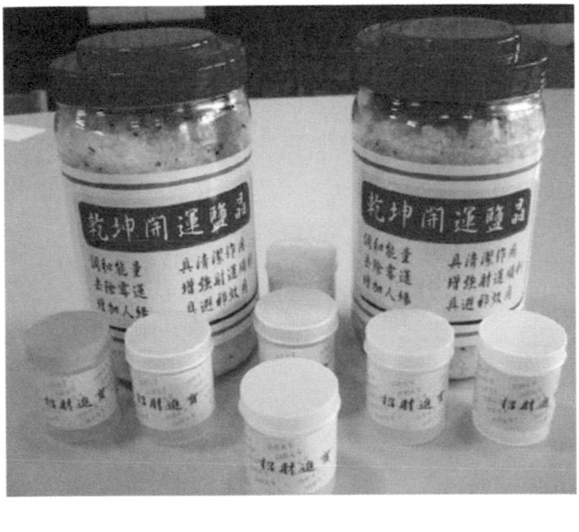

粗鹽使用方法

◎可用小紅絨布袋裝3公克粗鹽晶隨身攜帶，可去除厄運增加人緣，全家大人、小孩皆可使用，效果佳。

◎可用粗鹽晶灑淨屋內一圈，由順時鐘開始灑淨，約3個月做一次，身體不佳、財運不順可漸漸獲得改善。

◎在房子四個角落各放一杯粗鹽晶，共四杯（不能加蓋）。

◎在大門玄關處放一杯粗鹽晶（不能加蓋）。

◎在廚房乾燥處放一杯粗鹽晶（不能加蓋）。

◎在廁所之乾燥處放一杯粗鹽晶（不能加蓋）。

以上7個位置是房子最容易聚集晦氣之處，經粗鹽晶淨化就可去除，記得一個月需換一次。

◎購買新車或（定期）約半年時間，將50公克粗鹽晶放置於車輪下方，然後將車子開過即可達成淨化目的，使行車一切平安順利。

※影響命運的力量是什麼？

一、先天命格。
二、後天運程。
三、陽宅風水。
四、行功立德。
五、讀書修業。

※衰運降臨之特徵為何？

一、性情異常，脾氣暴燥。
二、風水失運，家道中落。
三、遷入凶宅，無端生災。
四、經營困難，事業破敗。
五、頻換工作，失業丟差。
四、病藥不斷，意外傷殘。
七、桃花婚變，畸戀情傷。
八、生子忤逆，損丁散財。

※轉變衰運之妙法是什麼？

一、以五術命理之道，趨吉避凶。
二、以止惡行善之道，廣結好緣。
三、以先知聖人之道，破迷顯正。
四、以精進忍辱之道，成就自我。
五、以元亨利貞之道，安住身心。
六、以觀音法門之道，解厄消災。

※改運有沒有效？

無論是任何高明的名醫，甚至華陀再世，也無法救治沒有生存意念的病患。任何高僧慧儒，同樣無法勸化毫無信仰之人。諺語云：「信者靈，不信者零。」願好運永遠跟隨著您！

第二節　外在煞氣介紹和化解方法

人說：「福地福人居」，在現代的都市建築中，若想找到外陽宅都沒有形煞的房子，應該很難。但只要心存感恩，亦可運用坊間的開運制煞品趨吉避凶。開運制煞物品功效，請參閱最後幾頁之介紹。

小巷路沖

所謂巷沖和路沖相同，都是住宅前有一條巷道，直沖大門或住宅之前方或住宅之周圍受沖，均會損傷，最嚴重則為開門見到之，後為開窗見者次之。

剋應

血光，車禍，破財。

化解方法

安置三十六天罡、山海鎮或羅盤，也可以種一排樹來擋煞。

三十六天罡

羅盤

山海鎮

汽車商務旅館

汽車旅館或是KTV、歌廳、舞廳、酒家、等龍蛇混雜的公共場所，如果住家位於這些場所附近，再加上其建物如果有三角形、尖形、菱形或是不規則形，影響會很大。

剋應

容易發生血光，鬥毆，是非官刑或是意外災難等效應。

化解方法

同55頁。

飛簷獸頭煞

陽宅周圍有受到廟宇或牌樓飛簷沖射者。

剋應

陽宅逢飛簷煞沖射者必凶，主血光，開刀，車禍，陰症，犯小人或有意外血光之災。

化解方法

同55頁。

屋角煞

住宅門前、後方或周圍有屋角或尖角直射過來，就稱之為屋角煞。

剋應

屋前或屋後左邊：受屋角煞對到傷男主人。

屋前或屋後右邊：受屋角煞對到傷女主人。

化解方法

同55頁。

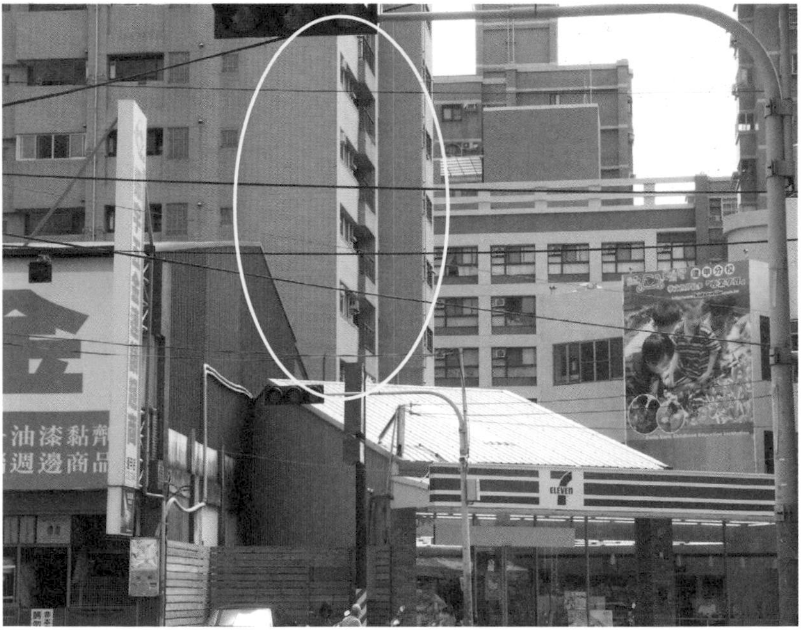

屋脊煞

很多人為了造型，將房子蓋成三角形或菱形，或拆掉一些老樓房，樓房周圍常有斜角之屋頂，稱之為屋簷頭或屋脊煞。

剋應

常有莫名其妙之問題發生，有意外災禍、血光或家中人員內臟有問題。

化解方法

同55頁。

反弓煞

反弓煞有兩種：一種為住家前道路之反弓煞。一種為住家前水路之反弓煞。

反弓煞即是水路或馬路像弓一樣，弓柄朝著自己的家或周圍均屬之，而門前之反弓現象較側面或後面之反弓嚴重。

剋應

血光之災，破財、財運不佳，失意失敗，出不孝子、叛逆，宅內失和，是非口角，官司，遠離流浪他鄉。

化解方法

同55頁。

小人探頭煞

住宅前方或屋宅背後又有屋宅凸出，或是半個水塔之凸出物，像是一個人頭探出來，我們稱之為小人探頭煞。

剋應

盜賊入侵，犯小人，家中女性桃色糾紛不斷。

化解方法

同55頁。

壁刀煞

住宅前面、周圍之大樓或本身建物其牆面正對我家，因而造成煞氣直沖，此為壁刀煞。

剋應

主手術、開刀，車禍血光。

化解方法

同55頁。

高架橋橫阻煞

陽宅前方如有高架橋矗立，會有橫刀切過之嫌，嚴重不吉之效應。

剋應

事業受阻，財運、家運敗退，脾氣暴躁無耐心。

化解方法

同55頁。

路燈柱煞

房屋周邊如有出現燈柱則不吉，如果被其彎頭正對，煞氣更重。

剋應

開刀，意外血光，犯小人。

化解方法

同55頁。

萬箭射心煞

有些大廈或公寓為了要防盜，都會裝設箭形之鐵窗，這無形當中就會對對面之住宅形成煞氣，此種煞氣我們稱之為萬箭穿心煞。

剋應

會有莫名其妙被眾人指責之效應，另外也會有血光之情形發生。

化解方法

同55頁。

墓碑煞

有些建商為了標新立異，建出一些奇形怪狀之樓房，無形當中卻造成了不必要之形煞；像圖中從遠處看狀似墓，我們稱之為墓碑煞。這對於居住於該屋宅和對面之屋宅者都會有不良之影響。

剋應

陰煞過重，小病不斷，心情低落及憂鬱傾向。

化解方法

同55頁。

棺材煞

現今有很多鐵皮屋工廠或車庫，其屋頂做成半圓形，遠處一看有如棺材蓋，稱之為棺材煞。

剋應

小病不斷，陰煞過重，憂鬱症，躁鬱症，恐慌症或自殺傾向。

化解方法

同55頁。

尖鋸齒煞

所謂鋸齒煞，講簡單一點就是多重之屋角互切之煞氣，稱連續壁刀煞。

剋應

血光意外不斷。

化解方法

同55頁。

出門即見高樓

陽宅屋前有高樓遮擋，此為一出門即受阻之勢，有面山之壓迫感！一出門就撞牆真倒楣。

剋應

前途受阻，家運無法開展，壓力很大！

化解方法

同55頁。

馬路陡斜

陽宅門前馬路傾斜，會導致屋前氣場流失而不聚財及聚氣，斜坡越陡越不吉！且會有龍高虎低或是虎高龍低之效應發生。

龍高虎低

虎高龍低

剋應

漏財、無法存錢！

龍高虎低：會有子女離鄉及不利女人之效應。

虎高龍低：有血光之災，男人事業難成。

化解方法

於屋前較低這邊安置七枚古錢成七星狀，勺口向高處擺設，再用一盆栽壓上。

龍高虎低者可以用三隻貔貅安置於虎邊化解。

虎高龍低者可以安置三隻銅龍於龍邊化解。

貔貅

銅龍

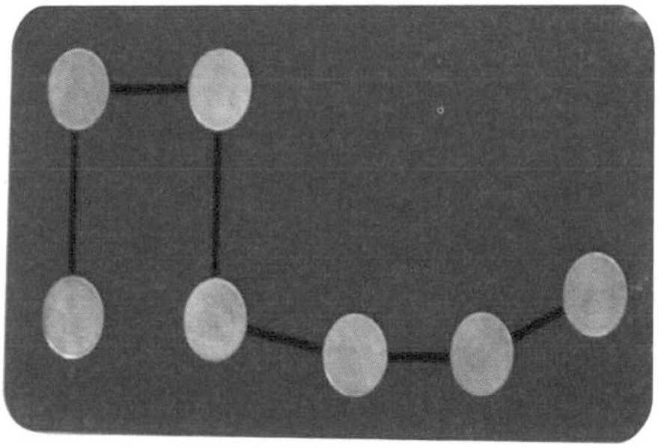

北斗七星龍銀

地下停車場出入口

一、陽宅面對地下停車場出入口。

二、位於地下停車場出入口之上方。

剋應

一、會有大漏財之情形，被人倒會或是有錢討不回之效應！

二、會有宅氣不穩、判斷錯誤、家運漸退、身漸衰弱之效應！

化解方法

一、安置山海鎮往下斜照化解。

二、於停車場上方之房間地板安置36枚古錢來安定氣場。

山海鎮

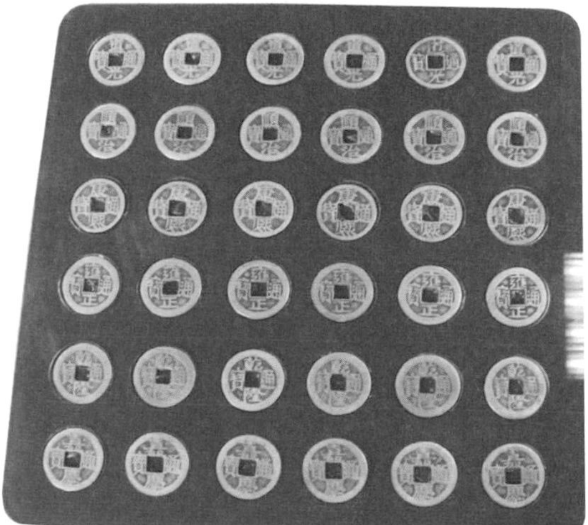

36枚古錢

騎樓上面的房間

住家之臥室設於騎樓上，地板下之氣場混亂氣急，造成房內氣場極不穩定！

剋應

久居必病，精神不濟，影響夫妻和睦。

化解方法

可以在此房間安置36枚古錢穩住氣場來化解。

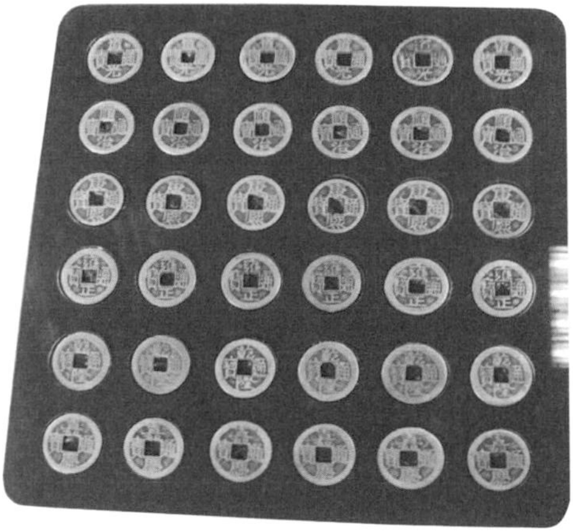

36枚古錢

六帝錢

龍高虎低

陽宅左邊之房子比右邊之房子高，這就是龍高虎低。

剋應

子女離鄉背景，女人較辛苦，孤苦勞碌之命。

化解方法

可以在住宅之虎邊安置三隻貔貅，補足虎邊之氣場不足來化解。

◎可在虎邊放置七星龍銀開口朝龍邊

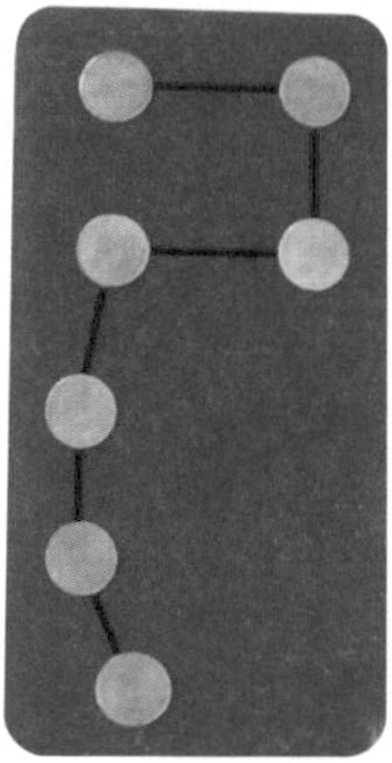

北斗七星龍銀

貔貅

虎高龍低

陽宅右邊之房子比左邊之房子高，這就是虎高龍低。

剋應

會有血光開刀意外之效應，男人事業受阻無法發展。

化解方法

可以在住宅之龍邊（左邊）安置三隻銅龍，補足龍邊之氣場不足來化解這種缺點。

◎可在龍邊放置七星龍銀開口朝虎邊

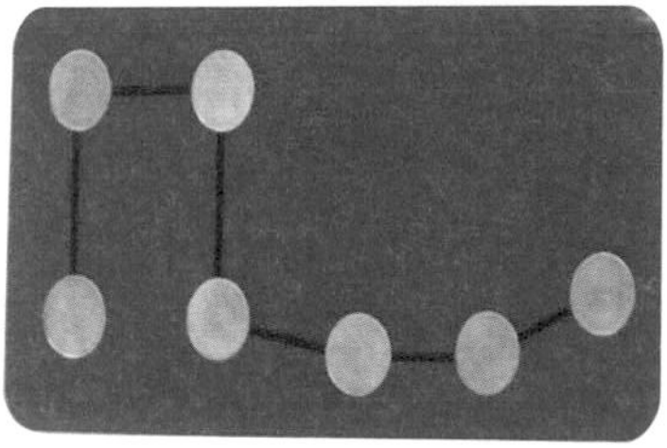
北斗七星龍銀

銅龍

剪刀煞

陽宅位於三叉路口，其內角度低於90度者，形狀像似剪刀口一樣，我們稱之為剪刀煞。

剋應

主血光，車禍，口舌官非，意外災禍。

化解方法

安置石敢當、山海鎮或是羅盤來化解。

山海鎮

羅盤

石敢當

天斬煞

住宅面對大樓前方的兩棟大廈靠得很近，使兩棟大樓中間形成一道狹窄之空隙，望眼望去彷似大樓被切分為二，即稱為天斬煞。

剋應

主對身體不利，手術開刀，高危險之疾病，也主易有車禍血光。

化解方法

安置銅麒麟或羅盤化解。

銅麒麟

羅盤

屋宅後背水

我們都知道住家前面宜見水，住家背後宜靠山，才是好風水，但如果剛好相反，屋前見山屋後面水，就會嚴重影響運勢和財運喔！所以如果住家背後靠水、有水溝，則會嚴重影響財運。

剋應

水在背後流動代表財運不穩，會有財來財去之效應，無法聚財。

化解方法

建議您可以使用羅盤來做化解，或是於屋後安置36枚古錢穩住氣場來做化解。

羅盤

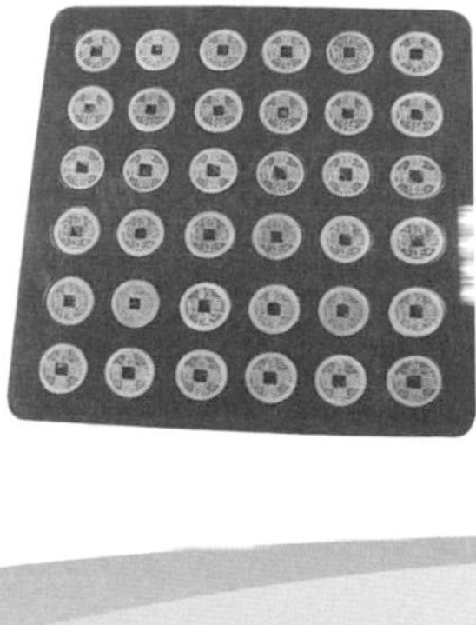

36枚古錢

宮宇廟場旁

住宅附近如果有廟宇或是宮廟，要特別注意，因為廟宇本身會聚氣，造成附近住家氣場之流失，導致家運漸退，另外宮廟辨法會會有靈物聚集，也會有陰氣過重之狀況；再加上若被廟宇屋角或是飛簷沖煞到會有血光開刀、車禍陰症、意外之效應，需特別注意。

剋應

會有血光、開刀，車禍陰症，意外之災。

化解方法

建議可以安置羅盤，如果為一牆之隔之住家，可以在屋內緊鄰宮廟牆邊平均安置36枚古錢，來區隔氣場做化解。也可在家中安置一對麒麟驅邪鎮宅。

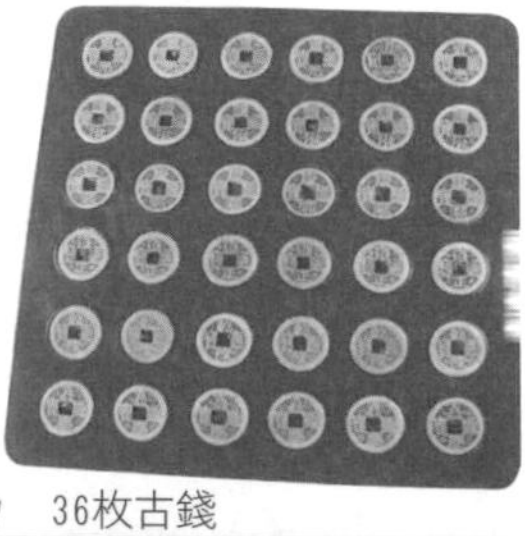

36枚古錢

羅盤

銅麒麟

房屋後面加蓋

現今透天厝建築或一樓，很多利用屋後之剩餘空間來加蓋廚房使用，如要加蓋需要和前方之建築等高或是更高，不宜比前面之建築低，如果比原來之建築低，此為前高後低，也稱為包袱屋；「前高後低，一世被欺。」

剋應

家運逐年敗退，財運不聚。

化解方法

建議將加蓋之部份再行加蓋至與前面建築等高，如果暫時無法加蓋，建議可以在廚房三邊用36枚古錢排成ㄇ字型，將其框入來做化解。

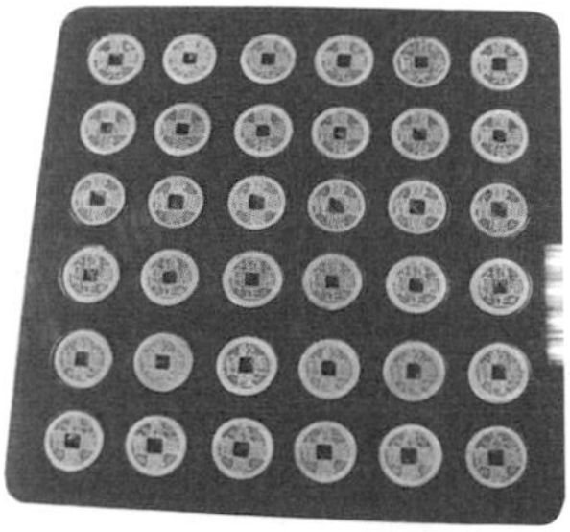

36枚古錢

貔貅

緊臨醫院診所

醫院是生病或氣弱之人來看病的場所，必帶來衰敗之氣和病菌滋生，且醫院常有死亡情事，所以也會有靈物聚集，且會有招陰之情形，住家如正對醫院或是緊臨醫院，都不是好的居住場所。

剋應

容易小病不斷，空氣及噪音污染，犯陰症。

化解方法

建議多種些綠色植物或是帶香氣之植物淨化氣場，另外在正對醫院處安置一面山海鎮或是羅盤驅趕陰氣。

山海鎮

羅盤

兩高夾一低

陽宅兩邊之房子都比自己住宅高，此為兩高夾一低，一世被欺！

剋應

家運逐漸敗退，犯小人，進取心不足，為人固執，易犯小人中傷，長年被人欺負。

化解方法

可以在貴宅之週邊平均擺放36枚古錢提升地氣化解。

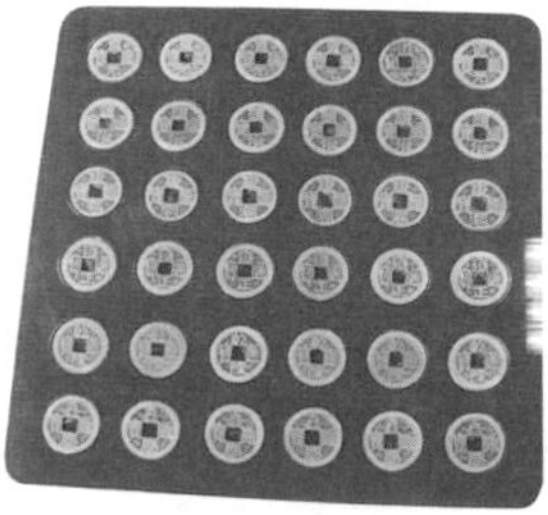

36枚古錢

銅麒麟

前低後高

住宅前之地勢比屋後之地勢低，或則後面加蓋之建物較高，也就是前低後高。

剋應

家運逐漸敗退，財運漸失衡。古語常說：「前低後高，一洩千里！」

化解方法

安置36枚古錢於屋宅之前半部化解。

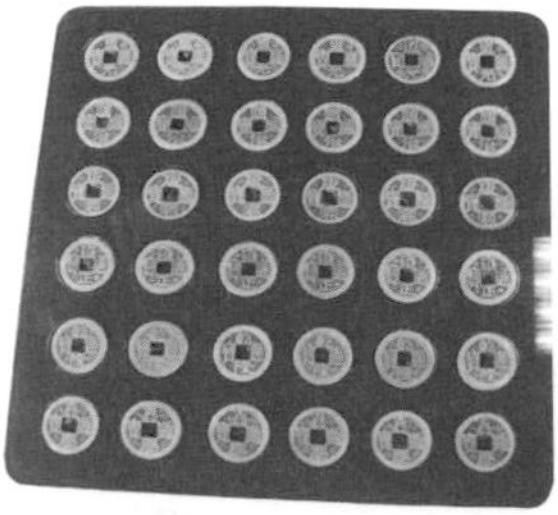

36枚古錢

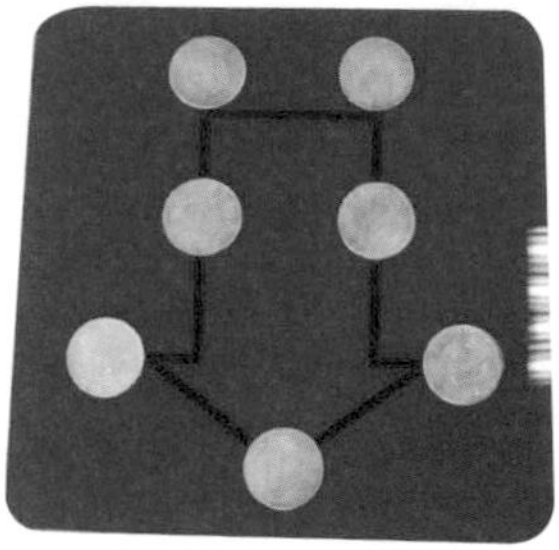

引財龍銀

（缺憾煞）不正

以一間房子之正中心為基準，哪一邊有缺（空缺），代表哪一方可能會有破敗。

剋應

東邊有缺—生活艱辛，傷大兒子。
西邊有缺—惹麻煩事，傷小女兒。
南邊有缺—不得安寧，傷二女兒。
北邊有缺—破財意外，傷二兒子。
東南有缺—生育不利，傷大女兒。
東北有缺—呼吸器官，傷小兒子。
西南有缺—消化器官，傷老母。
西北有缺—筋骨酸痛，傷老父。

化解方法

安置36枚古錢於屋宅之缺角處。

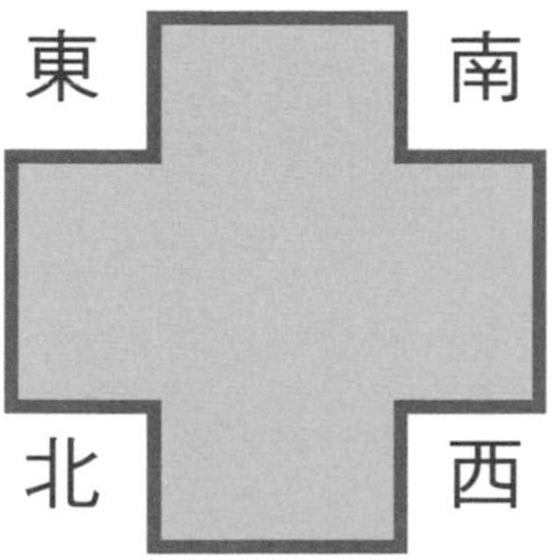

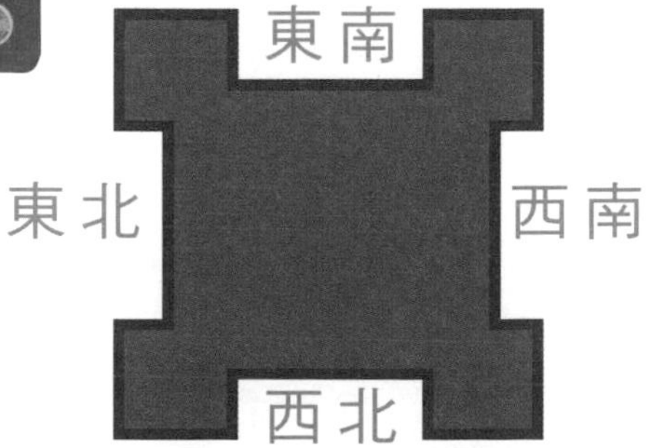

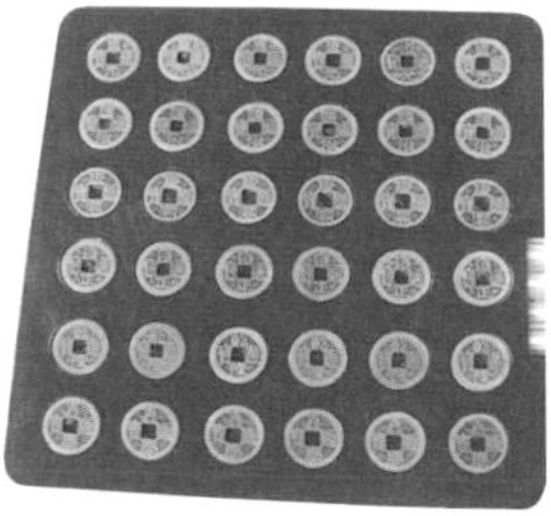
36枚古錢

（龍斷）龍邊無屋

以整排之邊間而言，最左邊一間之左邊已無房子，不管是馬路或空地，稱之為龍斷。

剋應

家中人員會有運勢落差之現象，缺龍邊一般指家中男人較不利。

化解方法

安置36枚古錢於屋宅之左邊化解，或在龍邊安置三隻銅龍來補氣場。

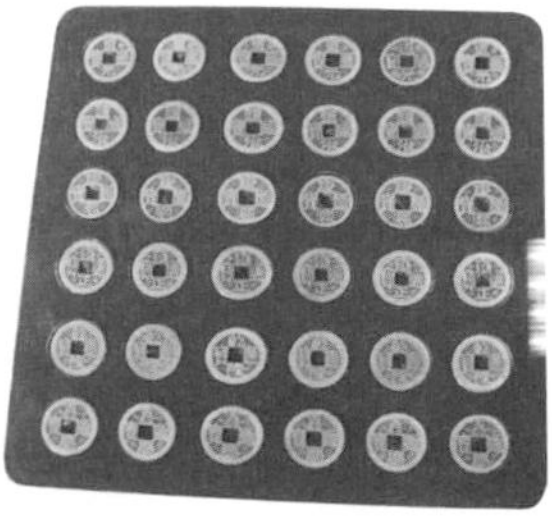
36枚古錢

銅龍

（財流走）順水局

房子後面比前面稍高，水來時由後面往前流走，叫做財流走。

剋應

很明顯地財入不敷出，一生可能很難存到錢。

化解方法

安置用龍銀作成之北斗七星引財圖將財引入，將劍頭朝內擺放自可引財成功。

風水球

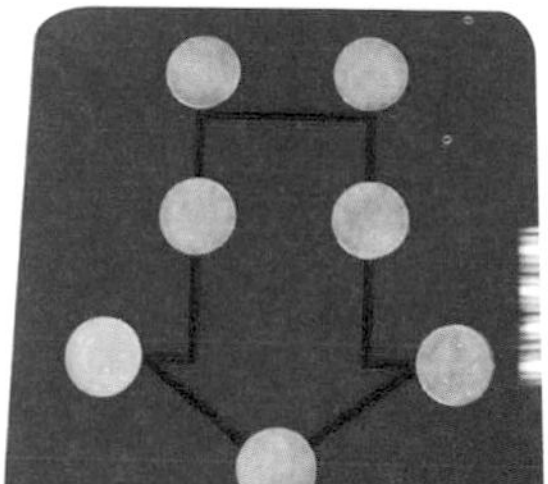

引財龍銀

八卦煞

因為現今住宅之煞氣相當多，化煞法器也相當繁雜，有些法器雖然能制煞，但也會傷及他人，需特別注意。如八卦就不宜正對他人安置，這會形成八卦煞，其中以八卦凸面鏡影響最大，而八卦平面鏡則影響較小。

（財流走）順水局

房子後面比前面稍高，水來時由後面往前流走，叫做財流走。

剋應

很明顯地財入不敷出，一生可能很難存到錢。

化解方法

安置用龍銀作成之北斗七星引財圖將財引入，將劍頭朝內擺放自可引財成功。

風水球

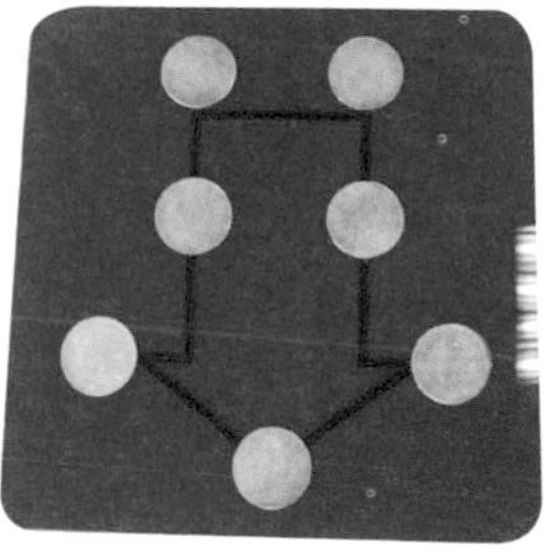
引財龍銀

八卦煞

因為現今住宅之煞氣相當多，化煞法器也相當繁雜，有些法器雖然能制煞，但也會傷及他人，需特別注意。如八卦就不宜正對他人安置，這會形成八卦煞，其中以八卦凸面鏡影響最大，而八卦平面鏡則影響較小。

剋應

居家不寧，怪事發生。

化解方法

最好之方式是商請鄰居取下改用其他方式化解，如果無法取下，您可以安置羅盤或太極乾坤八卦圖，正對其八卦凸鏡安置，這樣可以收其「以柔克剛」之效，來做化解。

羅盤

太極乾坤八卦圖

前高後低

住宅前之地勢比屋後之地勢高，或屋宅前面之建築較高，而後面加蓋之建物較低，我們都稱之為退龍格，也就是前高後低。

剋應

家運逐漸敗退，財運漸失。古語常說：「前高後低，一世被欺！」

化解方法

安置36枚古錢於屋宅之後半部化解。

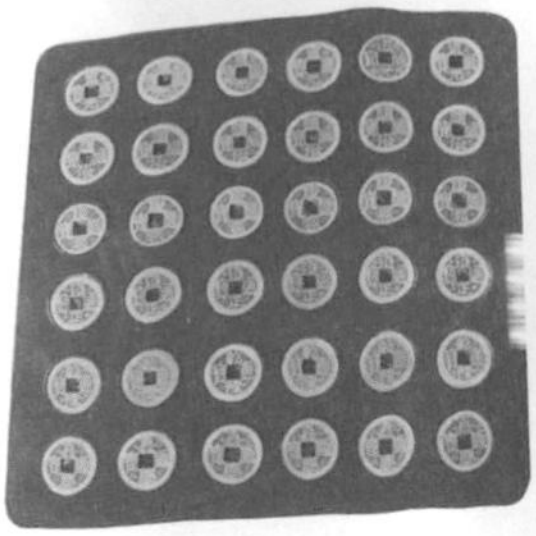

36枚古錢

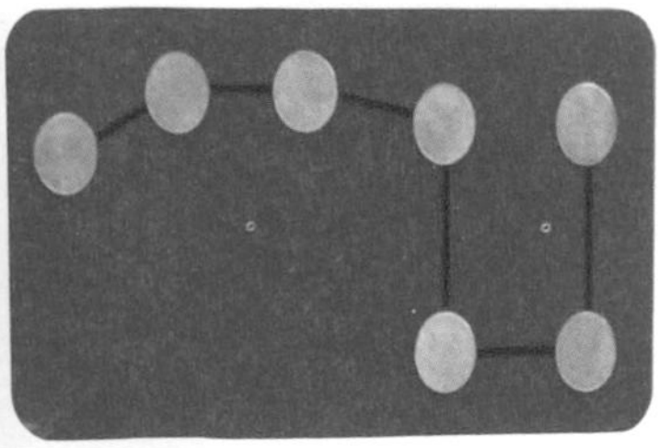

北斗七星龍銀

（虎斷）虎邊無屋

以整排之邊間而言，最右邊一間之右邊已無房子，不管是馬路或空地，稱之虎斷。

剋應

家中人員會有運勢落差之現象，缺虎邊一般指家中女人較不利。

化解方法

安置36枚古錢於屋宅之右邊化解，或在虎邊安置三隻貔貅來補氣場。

貔貅

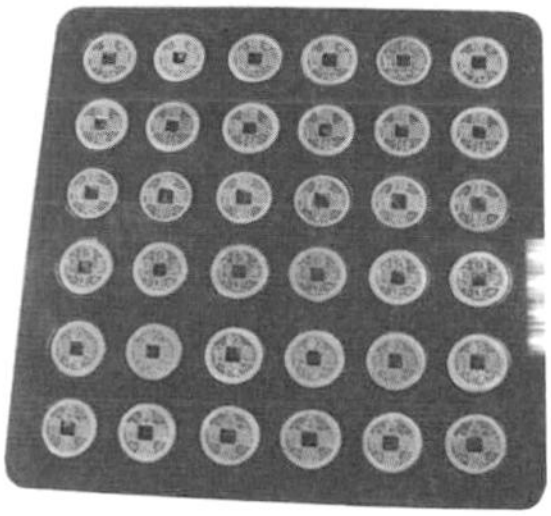

36枚古錢

開門見樓梯（捲簾水）

如有這種現象

大門打開即正對往下之樓梯，這就是俗稱的「捲簾水」。會有嚴重之漏財現象！

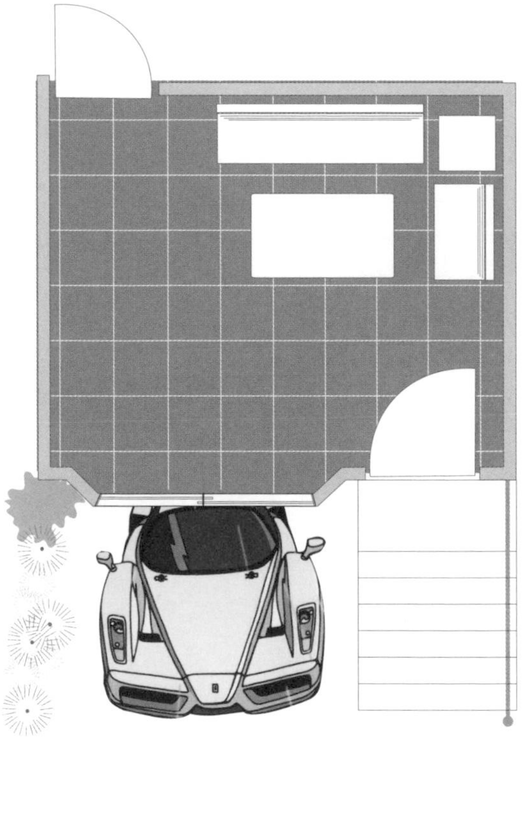

化解方法

建議您可以在門上安置一面山海鎮往下斜照，或是於門檻處掛一串五（六）帝錢，或在樓梯上放36枚六帝錢防止宅氣往下直洩。

山海鎮

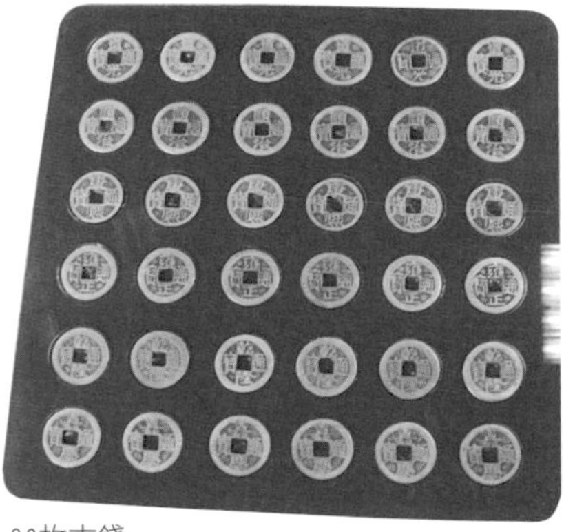

36枚古錢

六帝錢

入門即見廚房

如有這種現象

入門見廚房：表示我們一入大門進到屋內就可以看見廚房。我們都知道廚房亦為財庫之所在，所以入門即見廚房，其代表花費多以及和家人不睦。

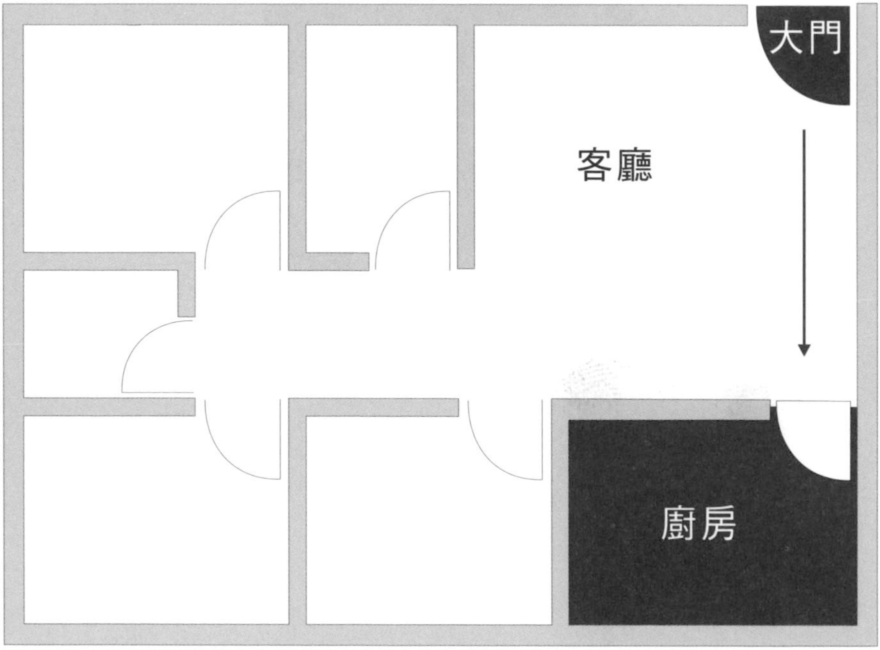

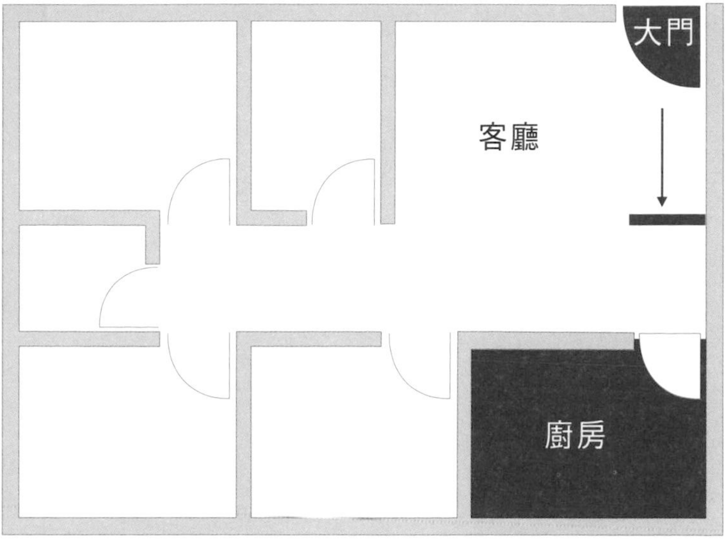

化解方法

可以在大門與廚房之間，擺設一個不透光之屏風，及在門檻上掛一串五（六）帝錢即可化解！

六帝錢

穿心堂煞

如有這種現象

所謂穿堂煞就是大門正對後門成一直線，或是前面窗戶正對後面窗戶，房屋入氣與出氣口彼此相對，中間也沒有不透光之物體隔離，這就是穿堂煞氣。

穿堂煞之剋應就是氣剛入宅隨即而出，所以不聚氣聚財，氣穿堂也會造成宅內氣場快速流動極不穩定，容易會有血光意外之效應產生。

由於其極為嚴重，所以是陽宅第一煞氣！

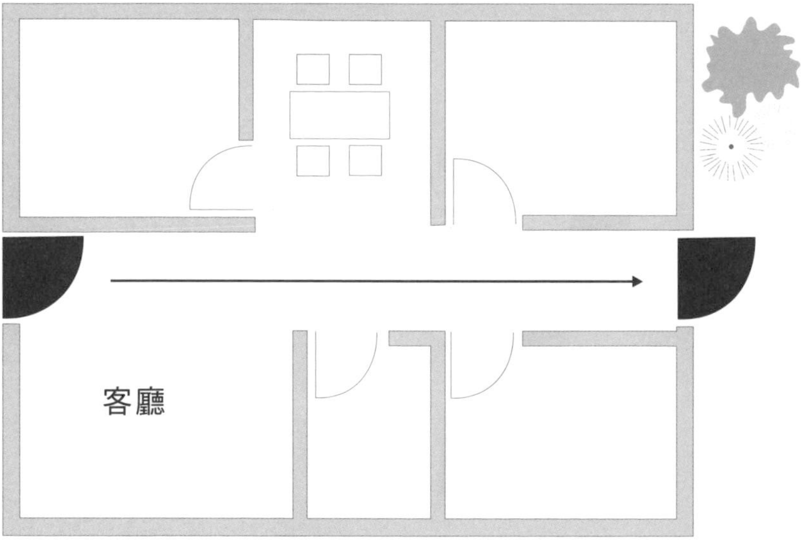

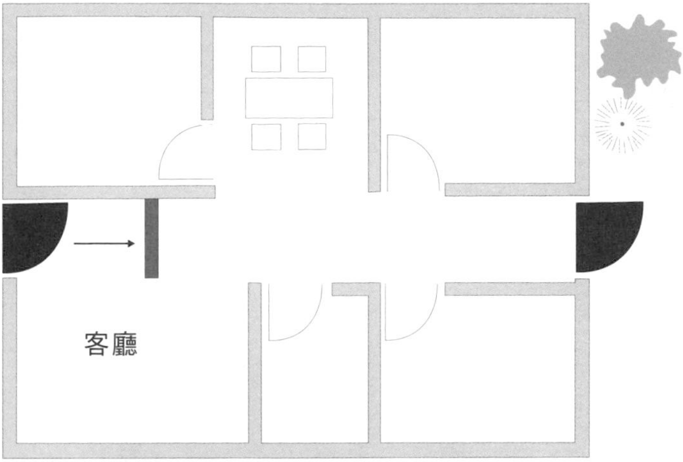

化解方法

如果為窗子對窗子之穿心煞，可以用封窗之方式化解。

如果是門對窗戶之穿堂煞，可以採用不透光之屏風來化解。

如果不想封窗和安置屏風，可在大門門檻安置五（六）帝錢，並在窗戶用較厚重且不透光之窗簾掛上來化解。

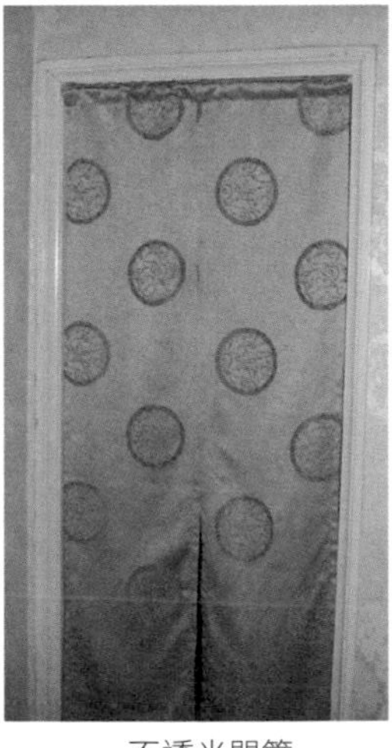
不透光門簾

六帝錢

大門對大門

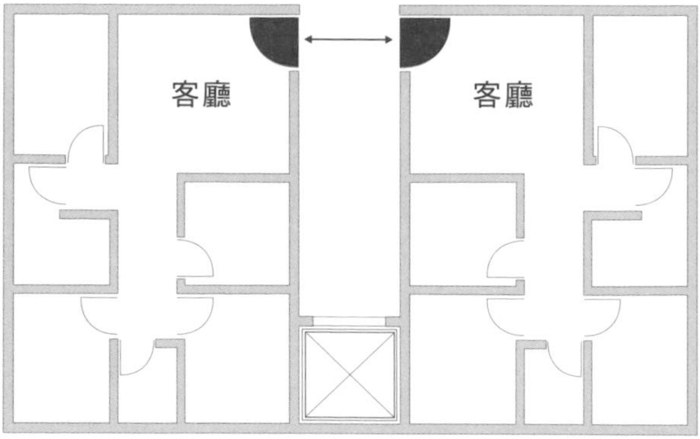

如有這種現象

現在的房屋常會出現自家大門正對對面人家大門之情形，最直接會常有口角及刑剋現象。另外還會有退運的現象，大門壓小門、人多者壓人少者。小門、人少者家運會漸退。

化解方法

化解方式可以在大門掛上八仙綵或春聯。

建議最好在門檻上再加掛一串五（六）帝錢，來提升自宅之氣場，化解對沖。

六帝錢

春聯

八仙綵

子母大小門

如有這種現象

大門的門開左右兩面，而且大小不一樣，左大右小者：較會有不利女主人健康或有離婚之現象。右大左小者：會有不利男主人健康或事業及婚姻的情形。

如果家中有安置神桌，其現象會更大，要儘快更改或是化解。

化解方法

最好將其改換成一片式之大門為佳。

如果暫時無法改門，可以於子門內側之門檻掛一組五（六）帝錢，來做化解。

六帝錢

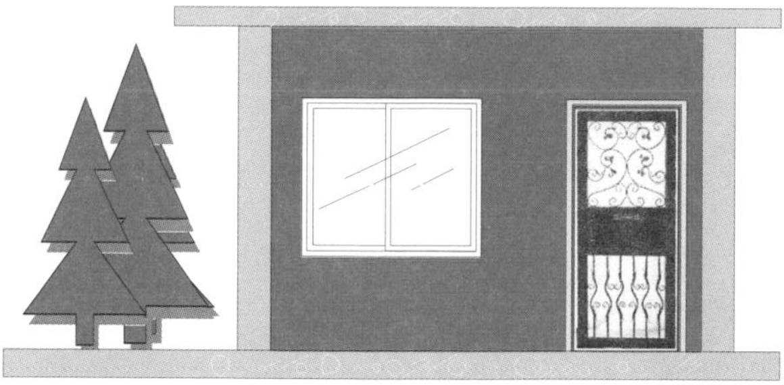

門開於鬼線或是開斜門

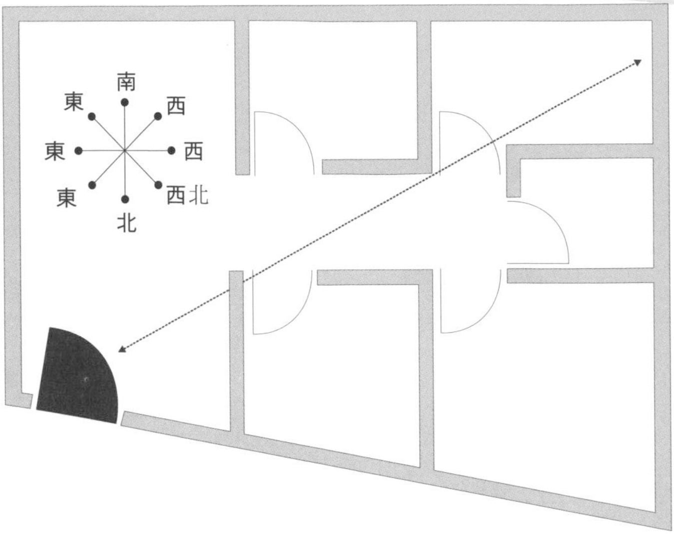

如有這種現象

住宅大門如開於東北或西南方之鬼門線上，或是門開之方位不好，或是門未開正而成斜開，家裡易有招陰和內神通外鬼、陰邪怪事之現象發生。

化解方法

最好之方式是修改門向，如果無法改門向，建議您可以在門檻邊貼春聯以避邪納吉，或是在門上掛置一面羅盤來做化解。

羅盤

春聯

三門直通

如有這種現象

陽宅如果出現三扇門同時正對互通且直通外面，這樣會比穿堂煞更為嚴重，會有急速漏財和敗退之現象。

化解方法

化解之方式可設置一道不透光之玄關，或每一道門都加掛不透光之門簾及一串五（六）帝錢來做化解。

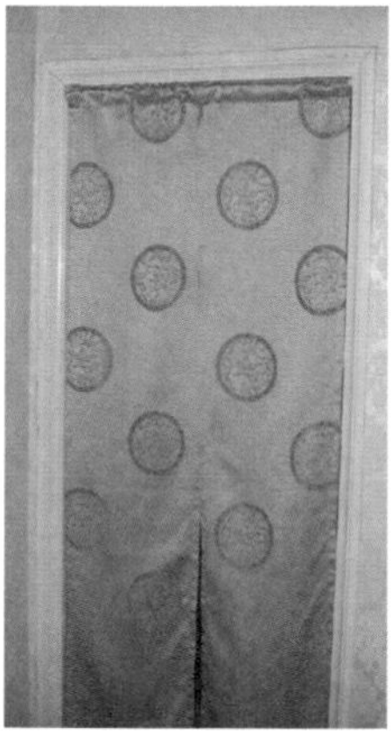

不透光門簾

六帝錢

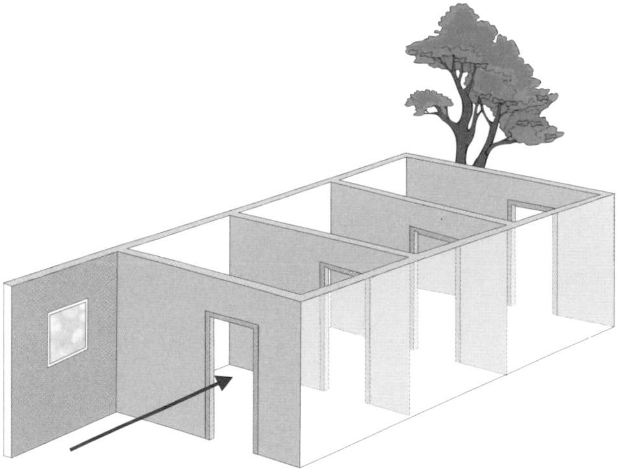

落地採光面

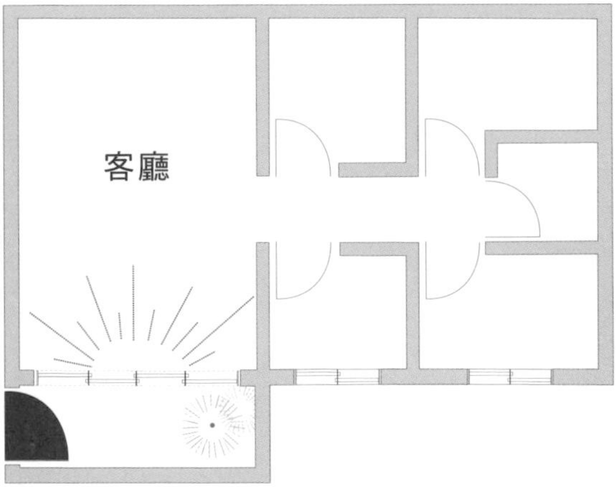

如有這種現象

如果貴宅為公寓式之建築，您需以貴宅客廳落地窗為向，所謂採光面，就是以貴宅開窗最多的那一面為貴宅之向，一般都會落於貴宅的客廳大落地窗這面。

化解方法

像圖中所示，該宅之採光面朝北，所以該宅為座南朝北之陽宅，而不是座西南朝東北。

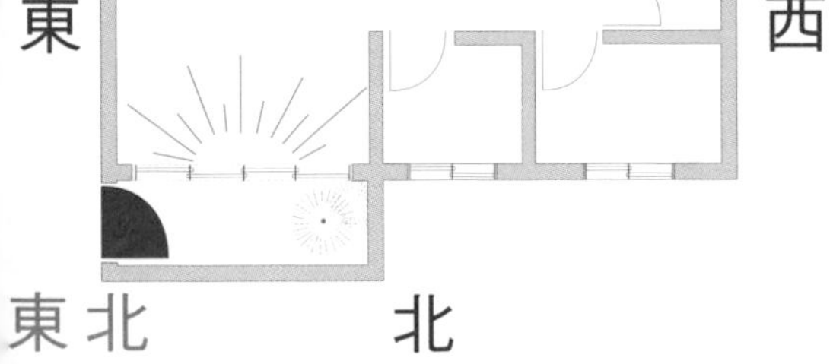

沙發背後無靠實牆

如有這種現象

主沙發背後無靠實牆，氣場會極不穩定。其最主要之效應為運勢反覆，無貴人。

化解方法

化解方式就是調整主沙發位置讓其靠實牆為佳。如果無法移位，可以在其沙發背後掛一串五（六）帝錢或安置36枚六帝錢，形成一道氣牆來穩住氣場。

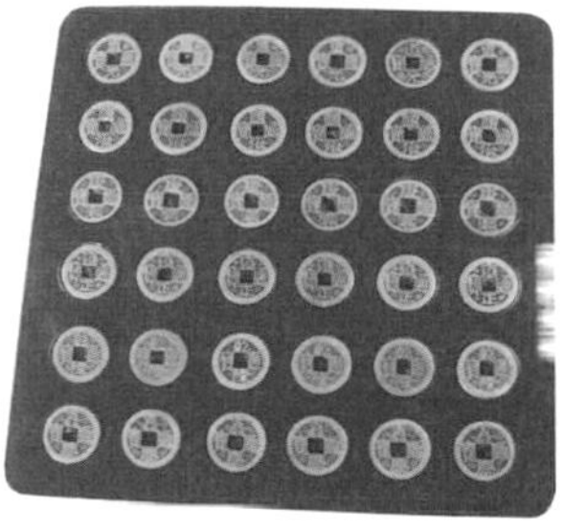
36枚古錢

六帝錢

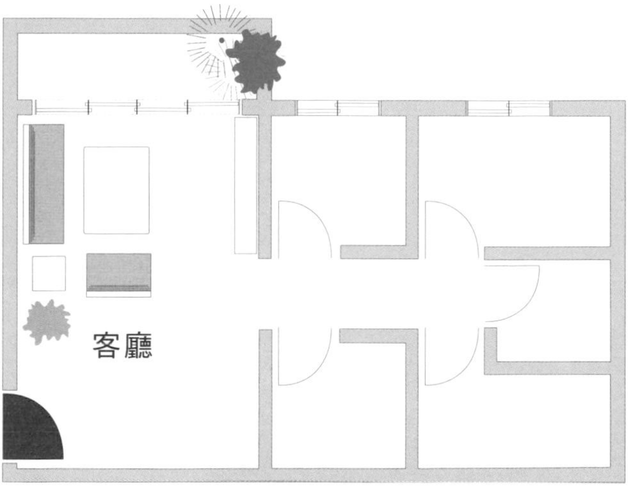

客廳陰暗無光線

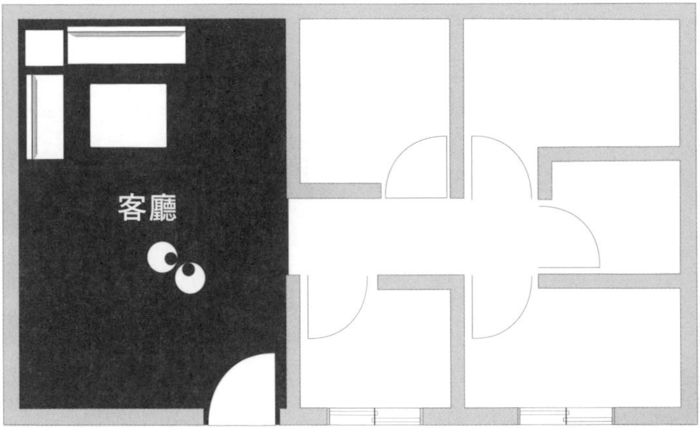

如有這種現象

明廳暗房是陽宅基本準則，客廳是陽宅之內明堂，也是接氣納氣之處，如果客廳完全沒有採光，將會嚴重影響前途，也會嚴重損害視力健康，人會趨向悲觀保守、越來越自卑不敢向前。

化解方法

更改格局或開一扇窗。如果無法更改格局，建議客廳之照明採用太陽光之省電燈泡為照明工具，補足客廳之氣場不足。

可以在客廳內安置麒麟或是銅龍增加住宅之陽氣來做化解。

銅龍

銅麒麟

第四節　內部格局煞氣介紹和化解方法——廚房篇

門沖到瓦斯爐

如有這種現象

廚房門沖到瓦斯爐，會有漏財和家人不睦之現象發生，有口角、官非訴訟產生，會時常病痛、脾氣暴躁等。

化解方法

最好能調整瓦斯爐之位置。如果暫時無法調整，您可以在廚房門掛一串五（六）帝錢，並加掛長布簾來擋形煞，以降低煞氣發生。

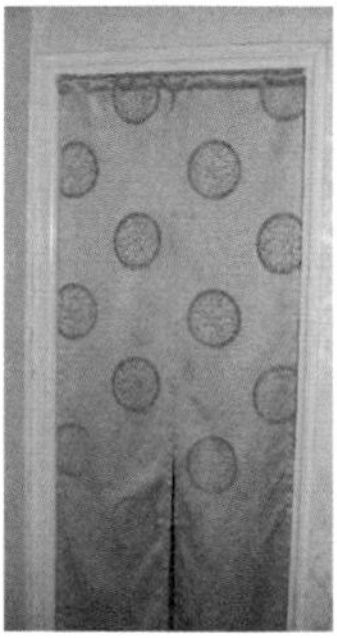
不透光門簾

六帝錢

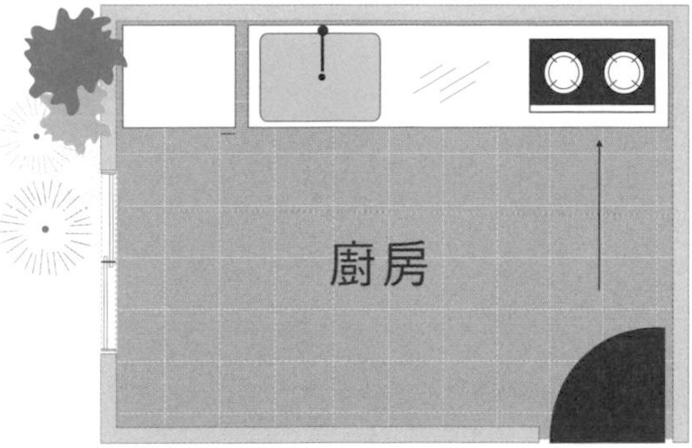

廚房門對廁所門

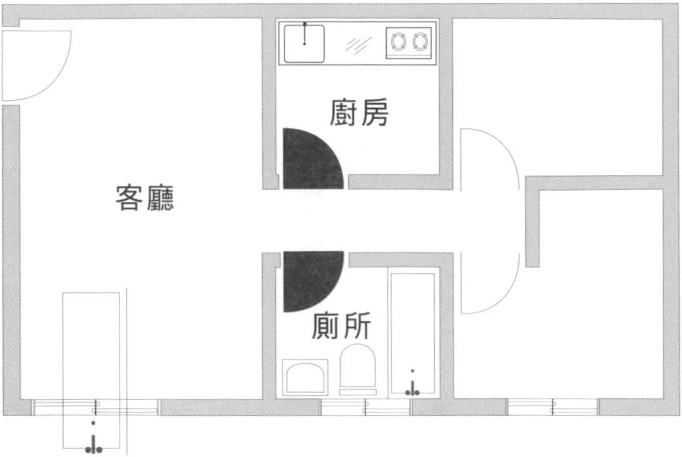

如有這種現象

廁所門對廚房門：廁所之穢氣會直衝廚房內，因為廚房為烹煮食物之處，所以會影響食物乾淨衛生，故家人會有腸胃不好、消化系統差之現象。

化解方法

可以在廁所門和廚房門各掛上長布門簾和五（六）帝錢來阻絕穢氣流出。布簾之長度以超過瓦斯爐面之高度為準，也必須以超過廁所馬桶之高度為宜，門簾之材質以不透光之材質為宜，不可為蕾絲或是珠簾！

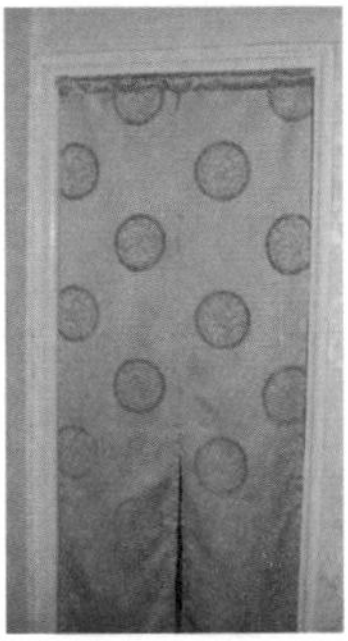
不透光門簾

六帝錢

瓦斯爐和水槽相鄰相對

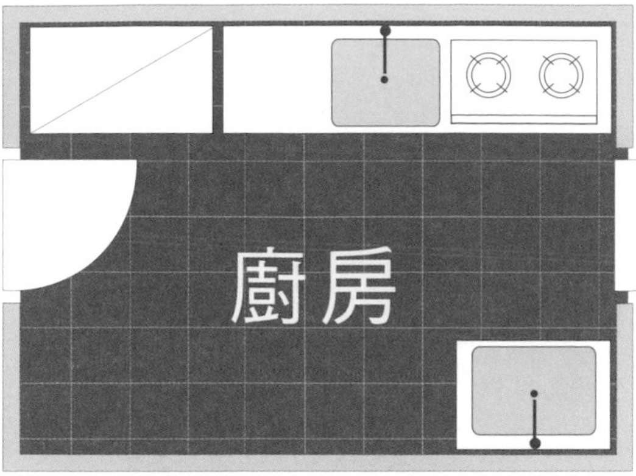

如有這種現象

瓦斯爐和水槽如果緊鄰或是相距不到50公分，或是相對沖，謂之水火相剋，會有嚴重漏財和開刀之現象。

化解方法

最好將水槽或是瓦斯爐之位置作調整，才可以完全化解此效應。

◎將瓦斯爐正面改成或貼上綠色，導引水生木，木生火，成為相生格。

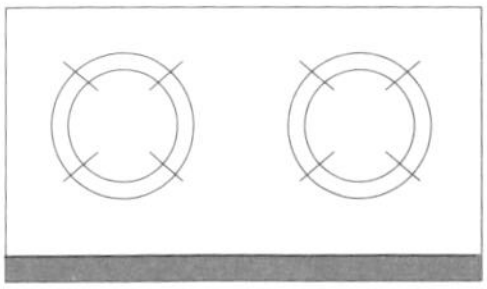

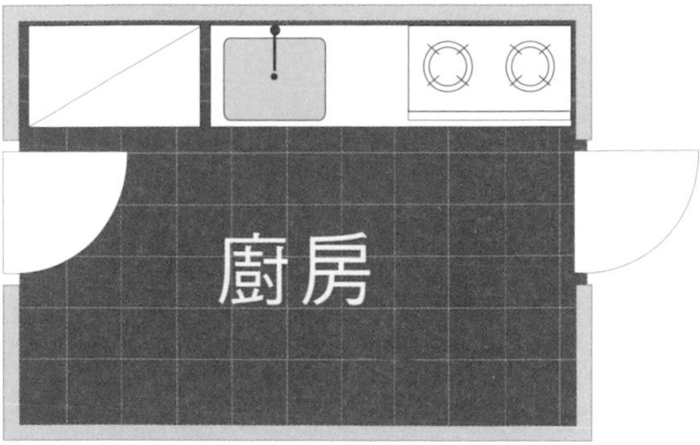

冰箱和瓦斯爐相對

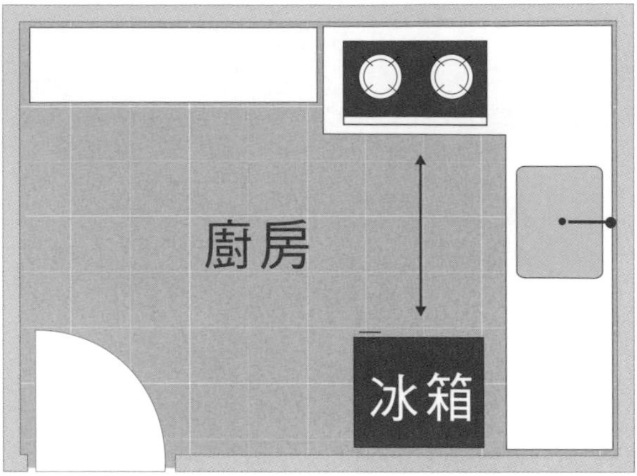

如有這種現象

廚房的冰箱正對瓦斯爐，此為犯水火相剋之局，會有漏財和意外血光、子孫不孝的現象發生。

化解方法

要化解這種煞氣，目前無法藉由法器化解，建議您將冰箱移開化解！

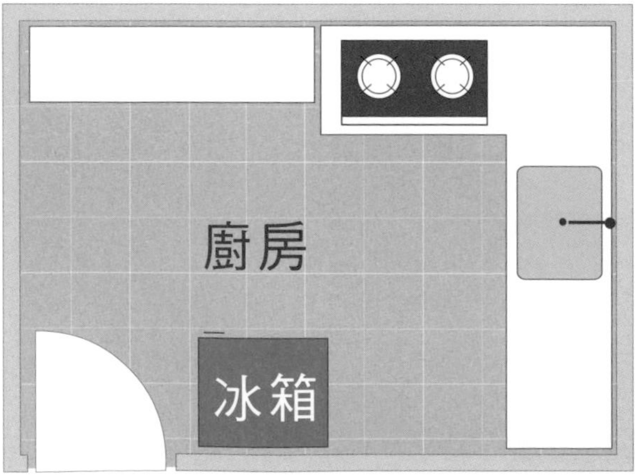

門沖到冰箱

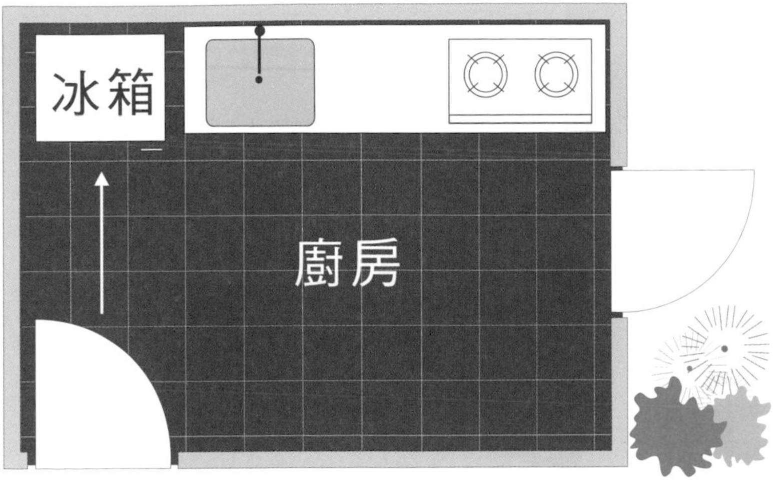

如有這種現象

廚房的冰箱沖門，會對家中女主人不利，且會有漏財之現象發生。

化解方法

最好能調整位置，如果暫時無法調整，您可以在廚房門掛一串五（六）帝錢，並加掛長布簾來擋形煞，以降低煞氣發生。

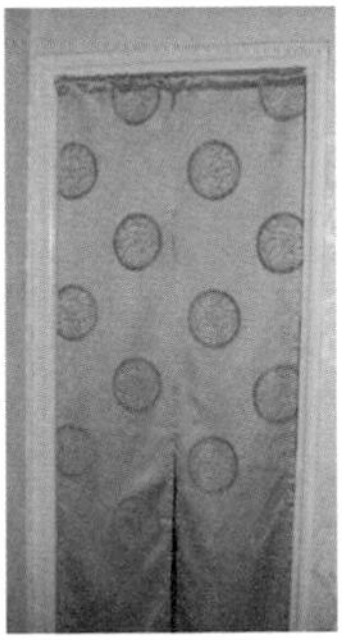
不透光門簾

六帝錢

橫樑壓灶

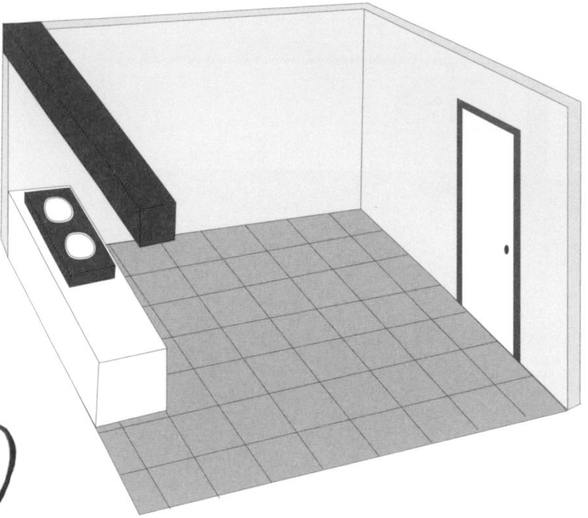

如有這種現象

廚房瓦斯爐上方如被樑所壓，不管是直樑或是橫樑，都會對家中女主人健康有嚴重之影響，會有開刀血光病痛不斷的現象。

化解方法

可以在瓦斯爐上方橫樑兩端的同一側面，掛上一對葫蘆和五（六）帝錢或一對麒麟踩八卦來做化解。

葫蘆

六帝錢

銅麒麟

增建的廚房（包袱屋）

如有這種現象

鄉下有很多透天住宅，為了增加使用面積，會在原本之屋後地上增建為廚房之用，且其擴建時只加蓋一層。這樣從外面看似一個人揹著包袱一樣，會有嚴重退運和漏財的現象。

化解方法

可以在屋後用36枚六帝錢來提昇宅運，防止漏財現象發生。

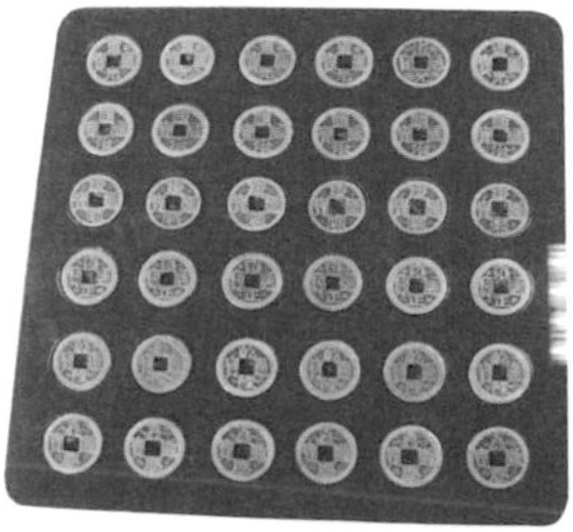

36枚古錢

貔貅

水龍頭對瓦斯爐

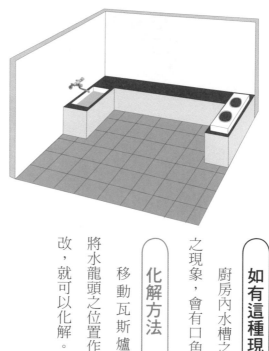

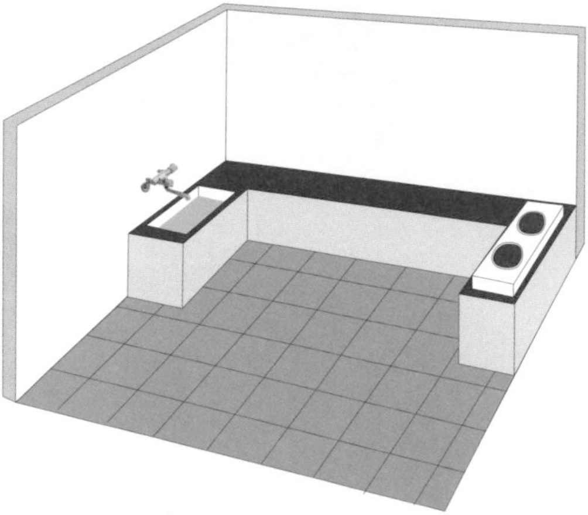

如有這種現象

廚房內水槽之水龍頭朝向瓦斯爐，這會有水火相剋之現象，會有口角、爛桃花、血光漏財的現象。

化解方法

移動瓦斯爐或將水龍頭之位置作更改，就可以化解。

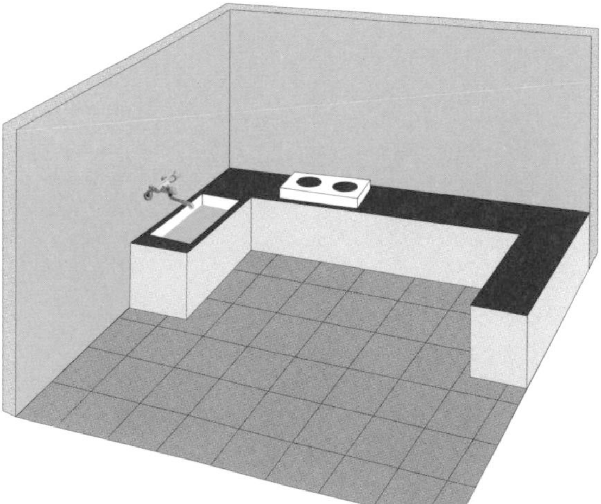

第五節　內部格局煞氣介紹和化解方法——主臥房篇

床位正確擺法

如有這種現象

睡覺多好啊！我們人有1／3之時間都在床上度過，所以床位擺設之正確與否，跟健康及運勢息息相關，絕對不可輕忽！

化解方法

床位正確擺法大概為如下：

1、床上面忌諱有圓燈照到人。

2、廁所門不可沖床。

3、床頭位置不可與廁所或廚房同一牆面。

4、床頭不可放置結婚照片。

5、床頭不可背門。

6、床不可放在橫樑下。

7、開門不可直沖床鋪。

8、鏡子不可正對照床。

9、床頭後方一定要有靠如床頭板或是床頭櫃。

10、床頭後方忌樓梯走道，電梯更不宜！

11、吊扇要安裝在床鋪外方。

12、床頭最好能靠實牆。

13、床頭不可開窗，氣場會流動。

14、床頭上方不可為冷氣機。

房門直對房門

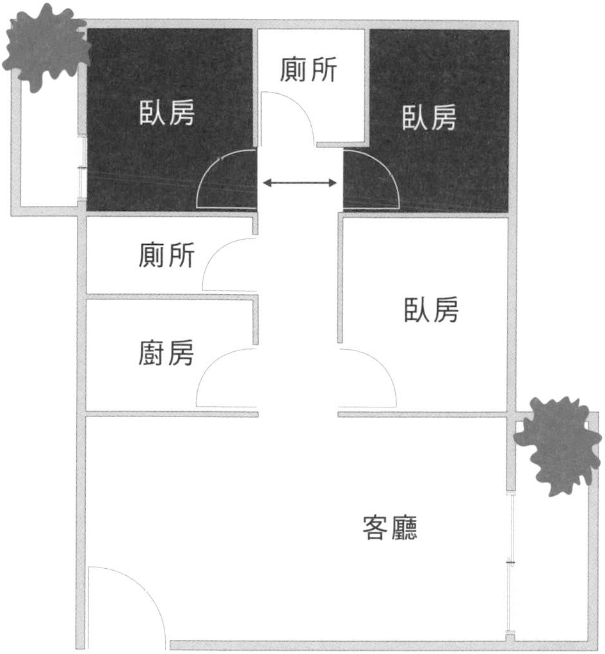

如有這種現象

陽宅室內房門對房門，會有口舌爭吵及家庭不合的現象發生。

化解方法

可以在房門掛上長布簾或再加上五（六）帝錢化解，布簾之長度最好要超過門的3／4之長度為宜，布簾之材質以看不透之材質為宜，不可為蕾絲或是珠簾喔！

六帝錢

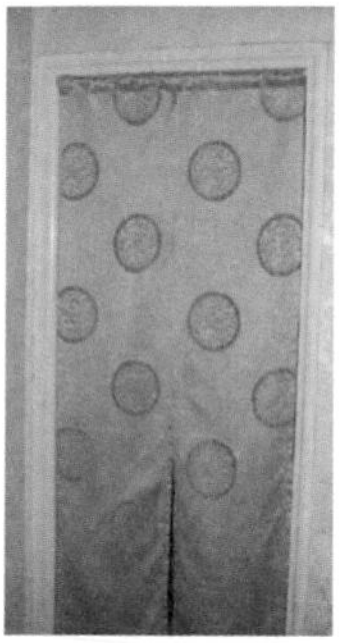
不透光門簾

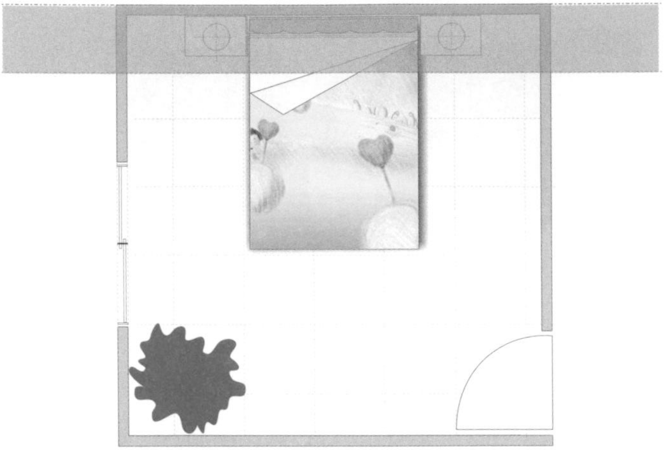

橫樑壓床頭

如有這種現象

在臥房床頭被樑所壓，樑壓到哪傷到哪！樑壓床頭，會有頭痛、偏頭痛或是腦疾之疾病發生。切記樑不是只有壓床頭才有煞氣，只要有壓到床就會有煞氣產生喔！

化解方法

在床頭放置跟樑同寬之床頭櫃以避開橫樑煞氣。如果暫時無法購置床頭櫃，可以在樑之兩端的同一側面掛葫蘆及蓮花球或五（六）帝錢來降低煞氣。

葫蘆

六帝錢

蓮花球

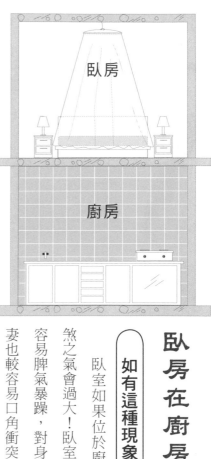

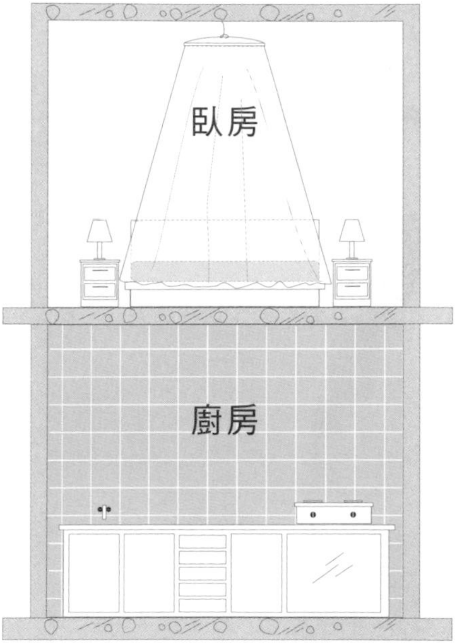

臥房在廚房上方

如有這種現象

臥室如果位於廚房上方，有床壓灶，火煞之氣會過大！臥室之氣場會過於燥熱，使人容易脾氣暴躁，對身體也會有不好的現象，夫妻也較容易口角衝突。

化解方法

我們可以在房間床鋪下方鋪上黃色之地毯，因為黃色屬土，火生土，藉此洩掉火之煞氣以求化解。或改變床位也可以，在地毯下方放置36枚古銅錢效果更好！

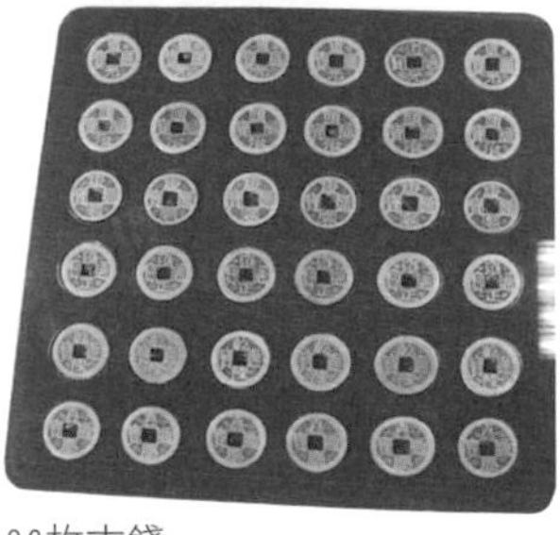

36枚古錢

門直沖床

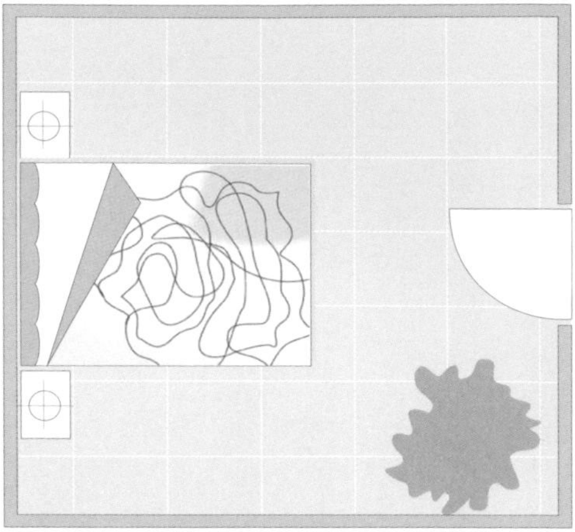

如有這種現象

房間的床向擺於沖門處，對身體健康產生極大影響，門衝到哪就會傷到哪，所以不可不謹慎！

化解方法

最好就是調整床的位置，如果暫時無法調整，可以在門與床之間安置一個不透光之屏風來擋煞！如果空間無法安置屏風或移動床鋪，您可以在門檻處先行掛一串五（六）帝錢，並加掛3／4長布簾，降低煞氣！

六帝錢

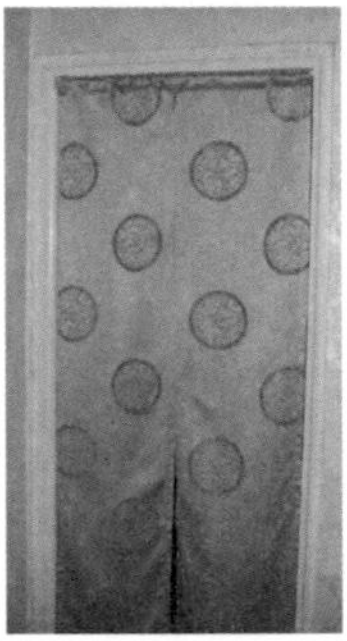

不透光門簾

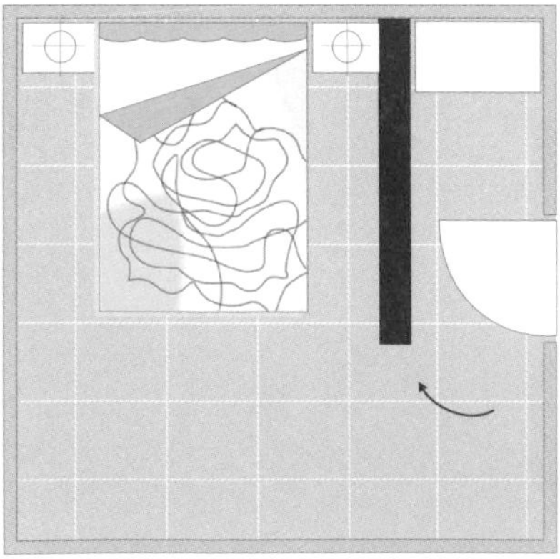

房間在騎樓上

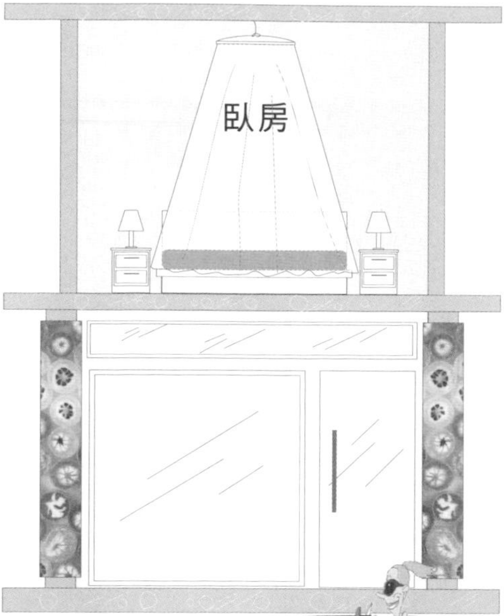

如有這種現象

住家的臥室如位於騎樓上，因地板下之氣場空虛，容易造成房內氣場極不穩定，久居必病，精神不濟，影響臥房內人員和睦！

化解方法

建議您在此房間地板鋪上黃色地毯，再放36枚古銅錢作為提升地氣來化解。

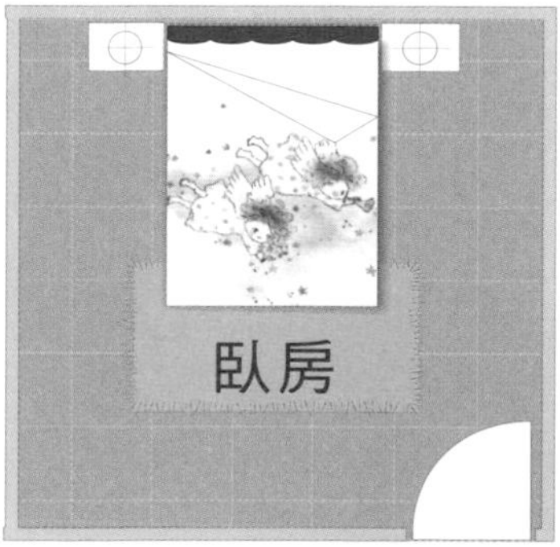

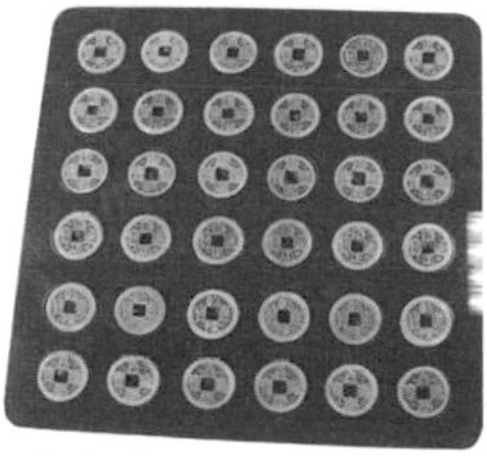
36枚古錢

床尾朝向神桌

如有這種現象

臥房的床尾不可以朝神桌，此為腳踢神桌不敬，會造成退運退神的現象。

化解方法

建議最好調整床之位置，這樣才可以徹底化解。另外注意一點，床頭也不可以靠神桌這邊的牆面。

這個房間除了會有擺設上之問題外，只適合小孩或老人家居住。夫妻或是單身年輕人居住於此，已婚者容易口角甚至離婚，未婚者容易不婚。

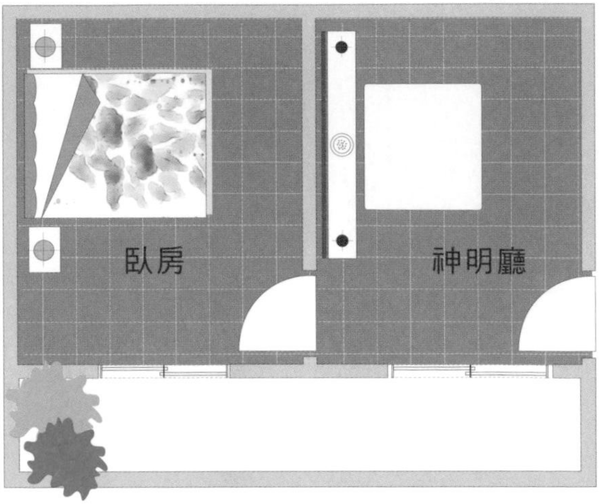

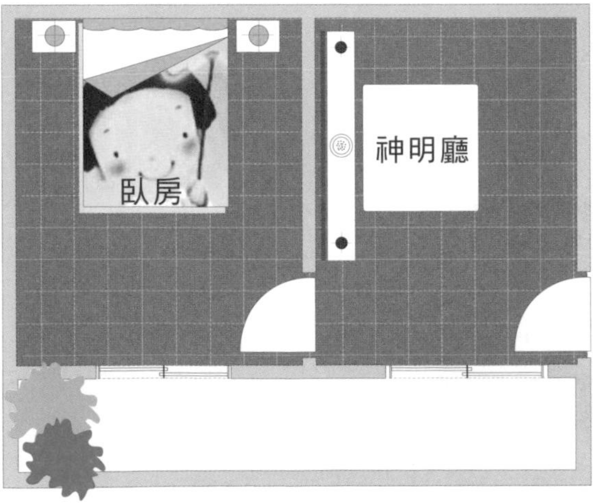

床頭靠廁所牆面

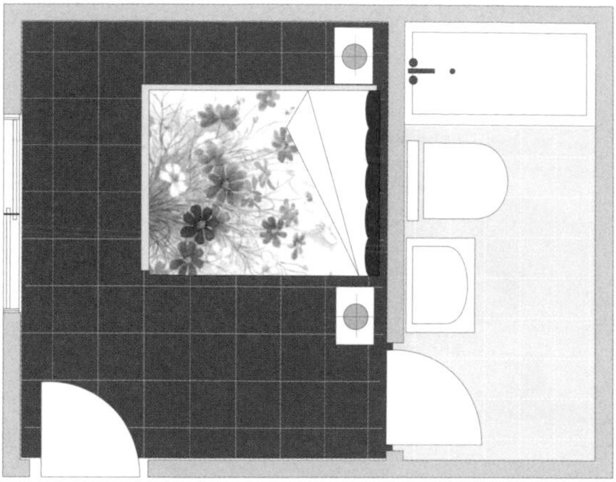

如有這種現象

臥房床頭如靠廁所牆面放置，因廁所之牆面含溼穢之氣，頭部長時間緊靠此牆面，日子一久會有頭部疾病問題，影響身體健康。

化解方法

最好改變床頭位置，如果是空間受限或是其他因素無法調整，建議您需加設一個床頭櫃，在床頭櫃內放入木炭，再放一杯粗鹽來吸納溼穢氣，並且在床頭櫃後再安置36枚古錢以求化解。

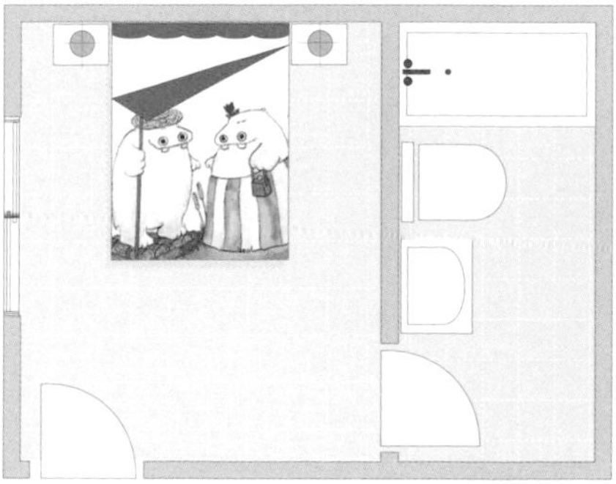

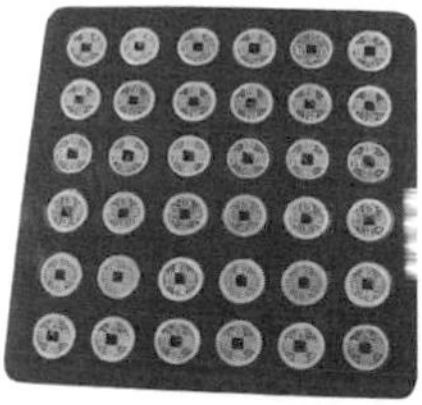

36枚古錢

壁刀切床身

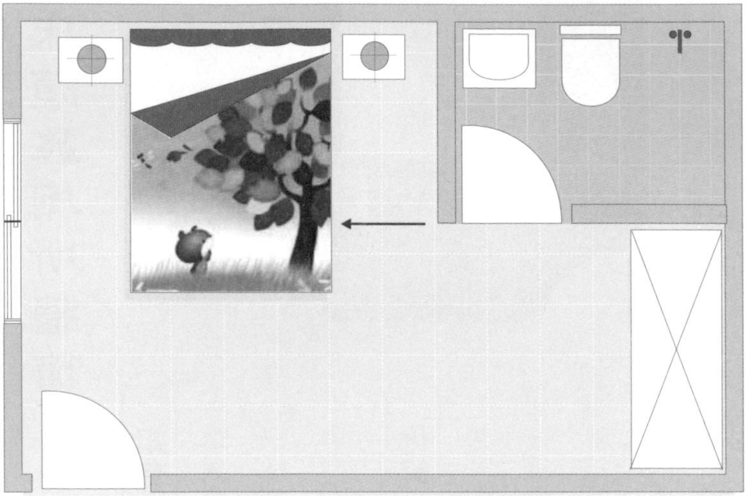

如有這種現象

房間如果格局不方正，或是因為房間設置浴室或更衣室，會有室內壁刀形成，如果床位擺設不當就會被壁刀所切，其現象就是被切到處之部位，也就是人躺在床上之部位，易有意外傷害、開刀、病痛的現象發生，切到哪裡會傷到哪裡，不可不慎。

化解方法

如能調整床位避開壁刀是最好之方式，如果無法調整床位，有二種方式可以化解：

1、於壁刀處放置屏風遮擋。

2、於切到處安置一組五（六）帝錢來作化解。

六帝錢

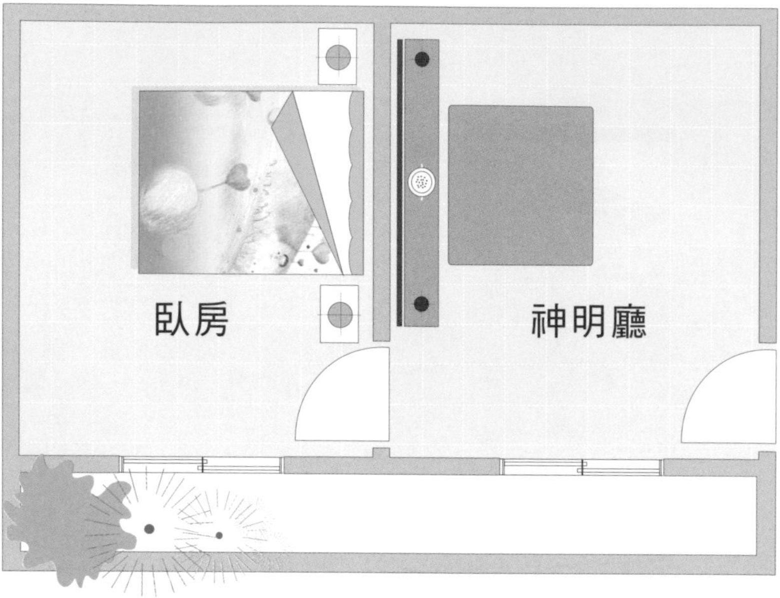

床頭靠神桌牆面

如有這種現象

神桌後方的房間，床位的擺設一定要特別注意，除了床尾不可朝神桌，造成不敬之外，床頭更不可以靠神桌這邊的牆面，容易產生噩夢連連、腦神經衰弱、中風、血症……等。

化解方法

除調整床位外別無他法，另外神明廳後方之房間在使用上有很多忌諱，所以如果家中房間夠，使用此房間作為書房較好。

不建議當臥室使用。如必需當臥房，床頭或床尾不宜靠神桌，且在神桌後牆面安置一組36枚古錢。

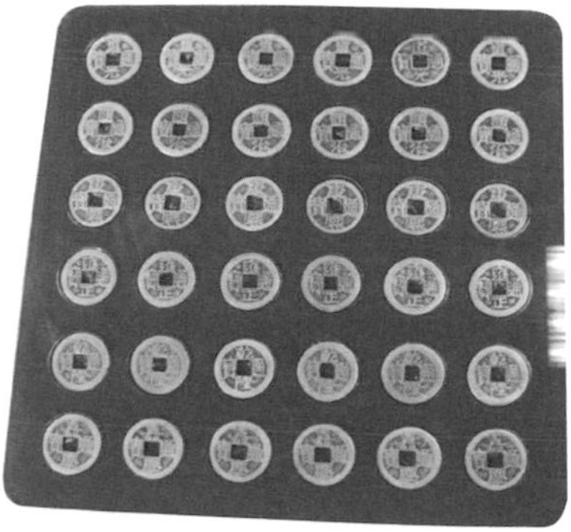
36枚古錢

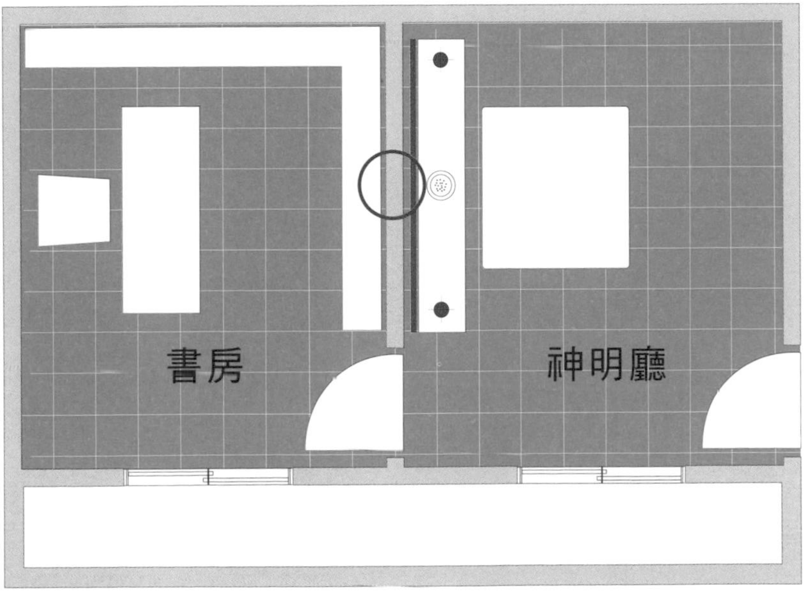

書桌正確擺法

如有這種現象

想把書讀得好，除自身之努力外，如果可以配合文昌位和正確之書桌擺設，將可以讓您事半功倍，讓您先贏在起跑點上！

辦公桌也是一樣之道理，如您要有更清楚之思路和取得致勝先機，辦公桌之擺設將決定您的事業及工作運的好壞！

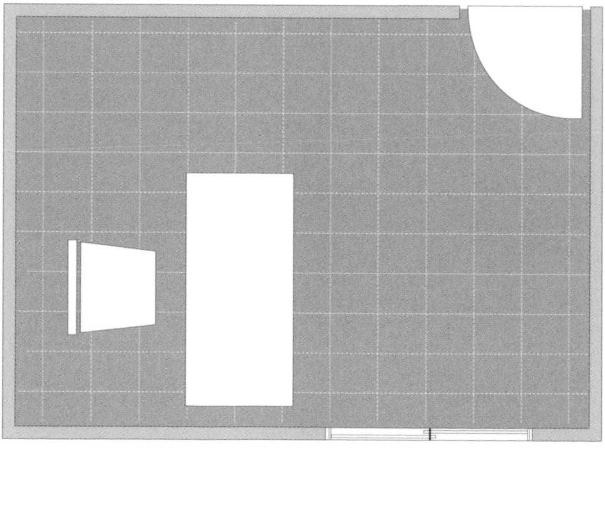

化解方法

書桌之正確擺法大概如下：

1、書桌座位後方要有實牆最好，表示有靠山，主有貴人。
2、書桌前最好留有明堂，有明堂表示有前途，比較有發展之空間。
3、書桌不可背門，表示容易犯小人。
4、書桌不可沖門。
5、座位背後不可開窗。
6、樑下不可放置書桌。

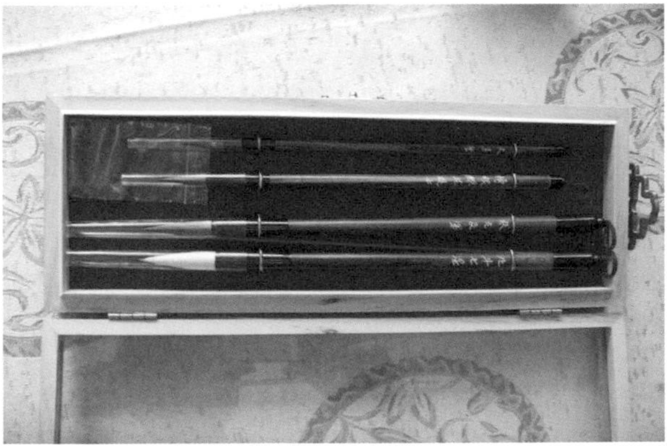

在文昌位牆上掛文昌筆

書桌位於橫樑下

如有這種現象

書桌擺放於橫樑下方，會讓人思緒不清頭昏昏，也無法集中精神，壓力也會跟著加重！而且橫樑壓到座位比橫樑壓書桌來得更嚴重，橫樑壓座位甚至會有壓力或意外血光之災。

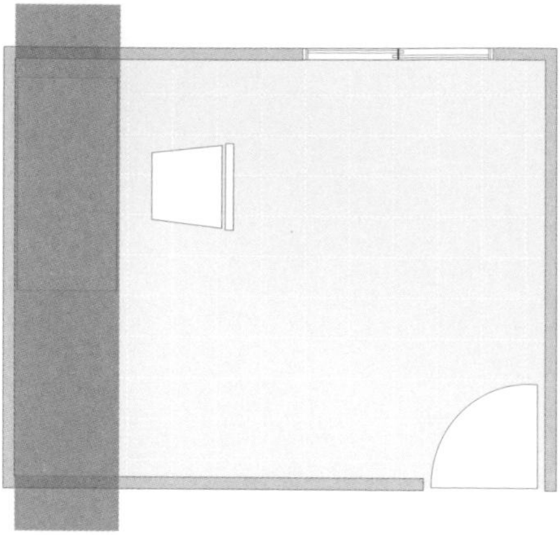

化解方法

改善方法就是將書桌移往他處擺設，或是將天花板用裝潢方式釘平。如果以上兩種方法無法執行，可以在樑之兩端的同一側面掛葫蘆或五（六）帝錢降低煞氣。

葫蘆

六帝錢

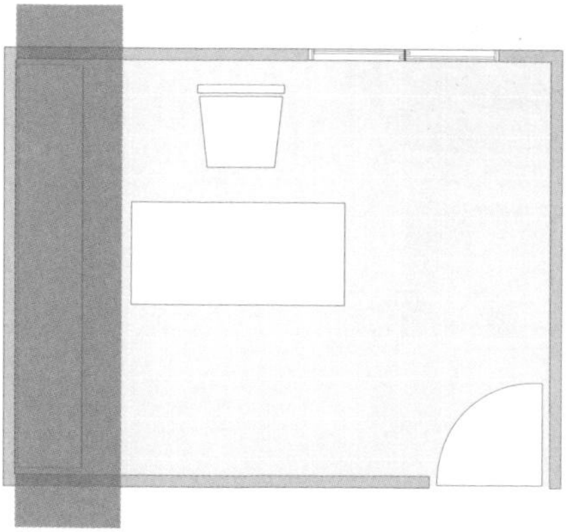

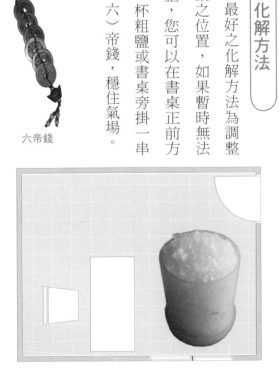

門直沖書桌

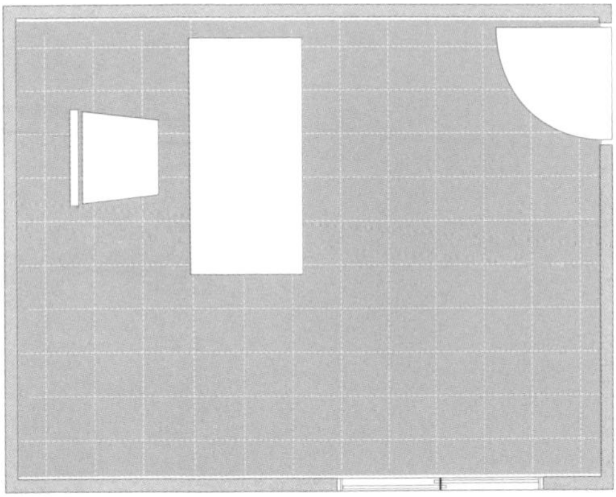

如有這種現象

書桌如正沖門，我們稱之為書桌衝門。其現象為無法專心唸書、坐不住、只想往外跑、心不定、精神不集中。

化解方法

最好之化解方法為調整書桌之位置，如果暫時無法調整，您可以在書桌正前方放一杯粗鹽或書桌旁掛一串五（六）帝錢，穩住氣場。

六帝錢

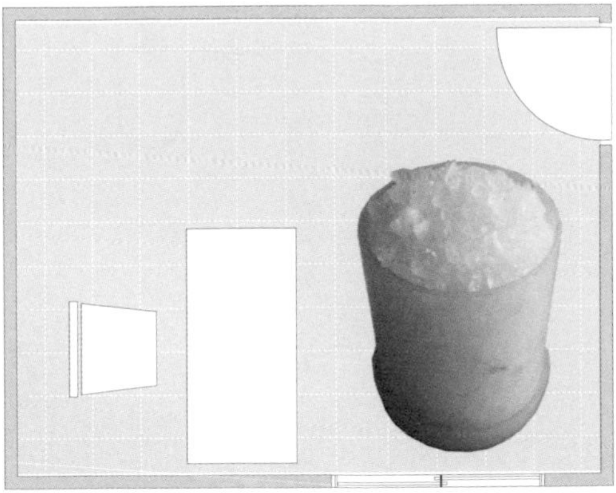

書房門正對廁所門

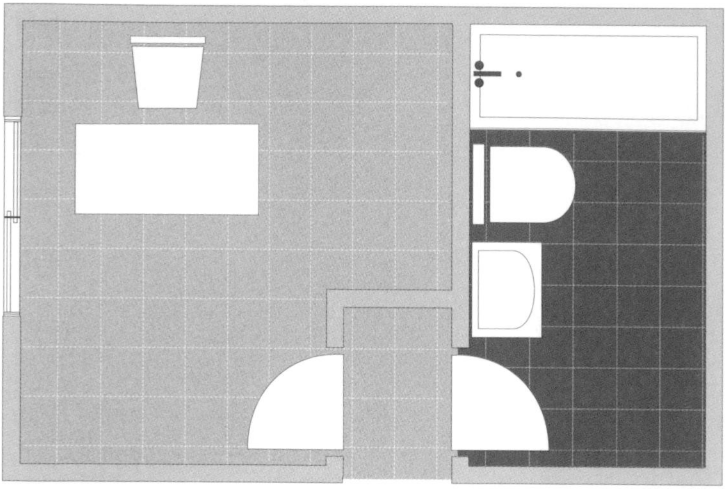

如有這種現象

書房的門如正對廁所門，廁所的穢氣會直接流入書房內，而且文昌星忌污穢之氣，故會有無貴人、犯小人，影響讀書品質。

化解方法

建議您可以在廁所門和書房門各都加掛長布簾，然後在兩房門加掛一串五（六）帝錢來做化解，將廁所之穢氣擋於門外。

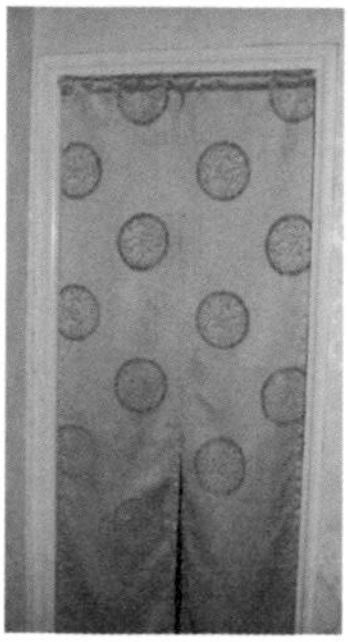

不透光門簾

六帝錢

八宅文昌位

座向	文昌位
座北朝南	東北方
座南朝北	正南方
座東朝西	西北方
座西朝東	西南方
座東南朝西北	中宮 西南方
座西北朝東南	正東方
座東北朝西南	正北方
座西南朝東北	正西方

個人文昌位

年次							文昌
31	41	51	61	71	81	91	東北
32	42	52	62	72	82	92	東
33	43	53	63	73	83	93	東南
34	44	54	64	74	84	94	南
35	45	55	65	75	85	95	西南
36	46	56	66	76	86	96	西
37	47	57	67	77	87	97	西南
38	48	58	68	78	88	98	西
39	49	59	69	79	89	99	西北
40	50	60	70	80	90	100	北

第七節 內部格局煞氣介紹和化解方法——廁所篇

廁所居屋中

如有這種現象

陽宅最忌廁所位於住宅正中間，廁所居中穢氣四散，住在此宅之人會病痛連連，或會有心臟血管或腹部疾病之問題，應該想辦法解決。

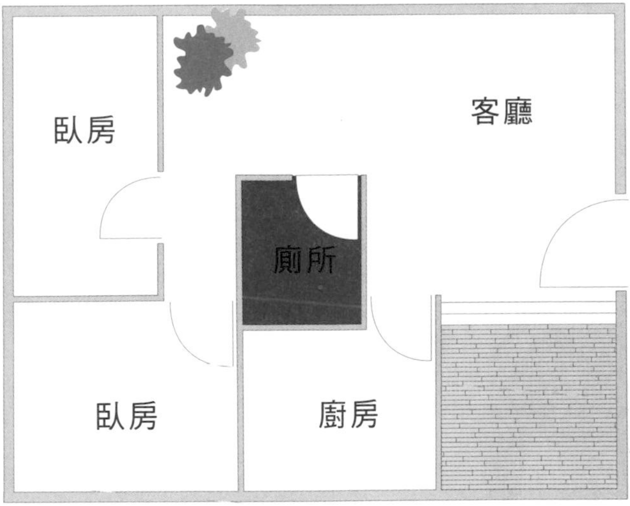

化解方法

在廁所內擺上黃金葛來釋放芬多精活化氣場，並在門口掛上長布簾和五（六）帝錢，阻隔形煞及穢氣外洩。最好在廁所內放置一杯粗鹽來淨化氣場。最重要是保持乾淨，就沒事啦！

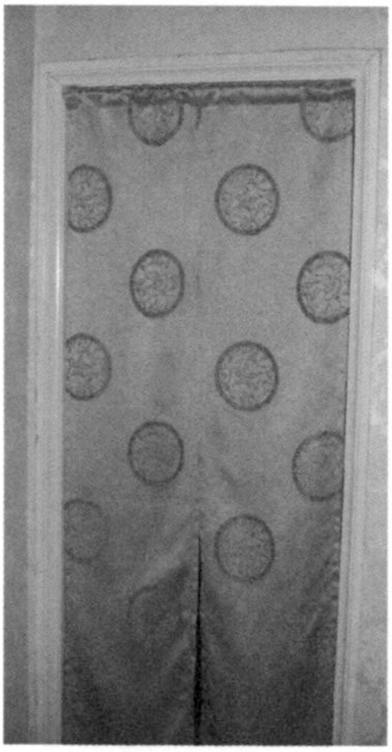

不透光門簾

六帝錢

瓦斯爐位於廁所下方

如有這種現象

瓦斯爐正上方如果剛好為廁所所在處，會嚴重影響家人之腸胃健康，財運也會有敗退之象。

化解方法

最好將瓦斯爐移往他處，如果無法移位，在廁所內擺上黃金葛來釋放芬多精活化氣場。並在門口掛上長布簾和五（六）帝錢，阻隔形煞及穢氣外洩。最好在廁所內放置一杯粗鹽來淨化氣場。最重要是保持乾淨，不要有漏水之現象這樣就沒事啦！

廁所內之安置物請參考前兩篇廁所居中那篇。

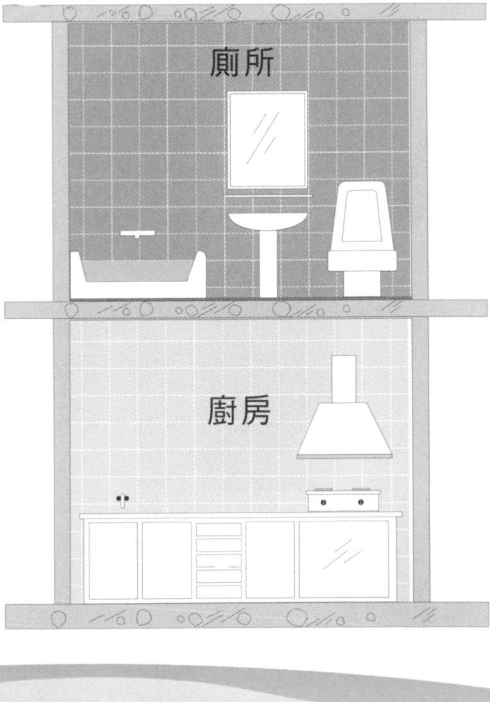

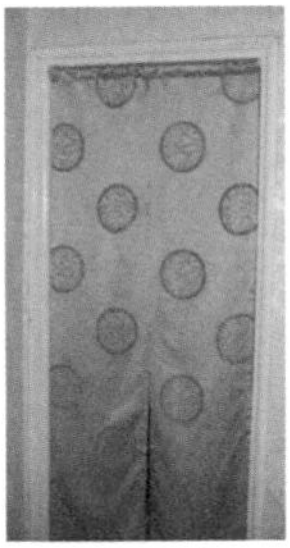
不透光門簾

六帝錢

廁所門正對樓梯

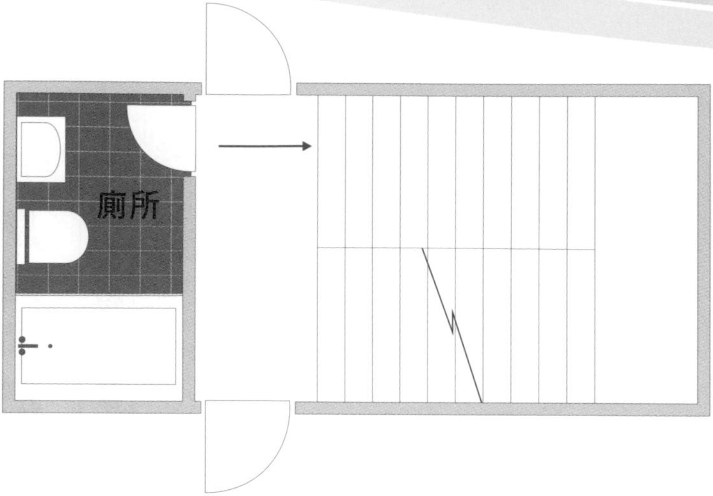

如有這種現象

廁所的門正對著上下的樓梯，因樓梯就是氣動的所在，氣直衝廁所內，引起廁所氣場不穩會使穢氣流出，以致流至陽宅各處，會影響家人之健康和運勢！

化解方法

建議在廁所門掛上長布簾，長度要超過馬桶，以及在門框上掛一串五（六）帝錢做化解。如能在廁所門擺一盆盆栽則最好不過了。

廁所內之安置物請參考前一篇廁所居中那篇。

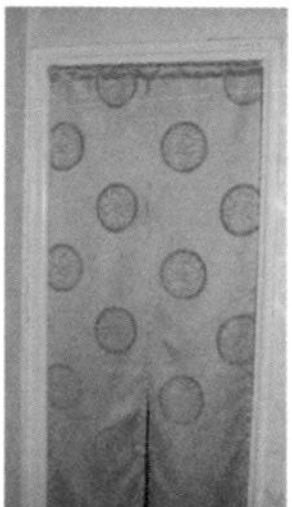
不透光門簾

六帝錢

入門見廁所

如有這種現象

我們剛從大門一進到屋內，在客廳入門就見到廁所，廁所的穢氣可能直衝而來，除了讓人有不舒服的感覺，也會有家運敗退之象。

化解方法

可以在大門入門後設置一道不透光之屏風，如果無法設置屏風，也可在廁所門加掛長布簾和於門框處掛一組五（六）帝錢做化解。布簾之長度以超過馬桶之高度為宜，布簾之材質以不透光之材質為宜。

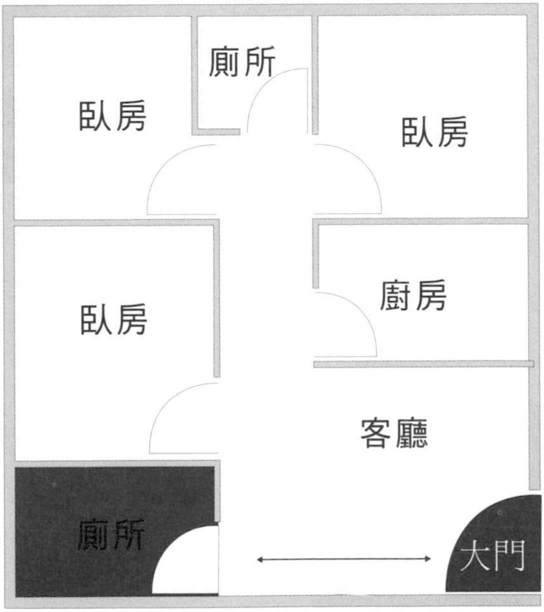

六帝錢

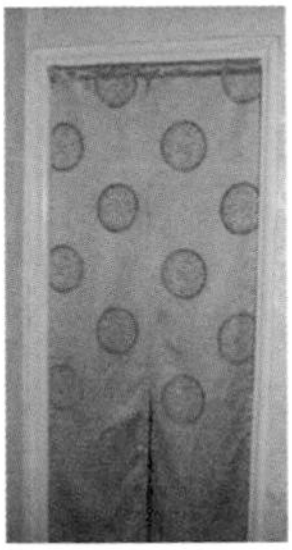
不透光門簾

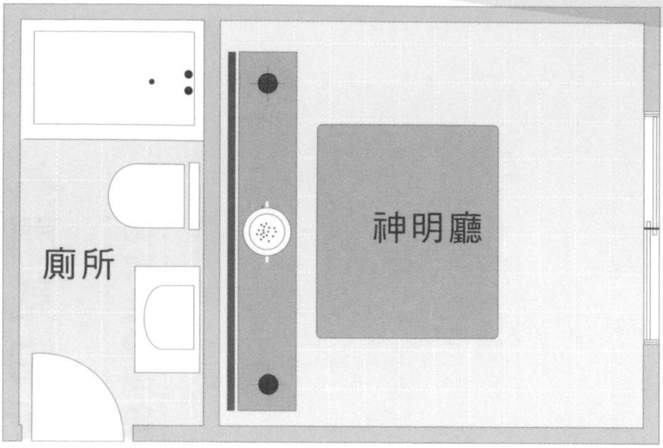

神桌靠廁所牆面

如有這種現象

神桌背後如緊靠廁所牆面，這樣對神明極為不敬，會有嚴重退運問題，家人會有腎臟方面之疾病，也會容易被人倒債。

化解方法

建議重新安置神桌，如果無法重新另覓吉位安置神桌，建議再隔出一道空間來做化解。要化解此煞氣，可在神桌後之牆壁安置一組36帝古錢來化解。

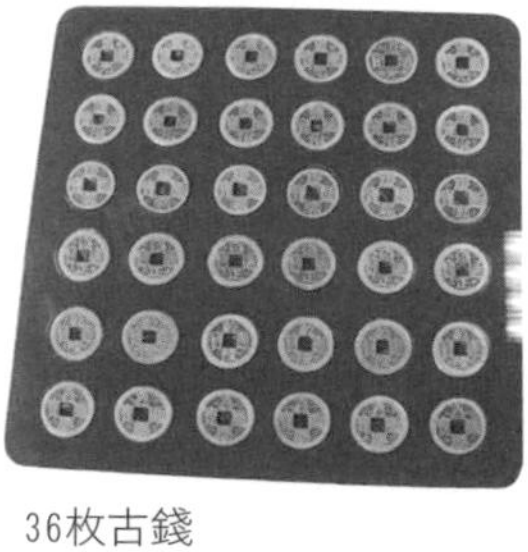
36枚古錢

神桌背後爲廚房

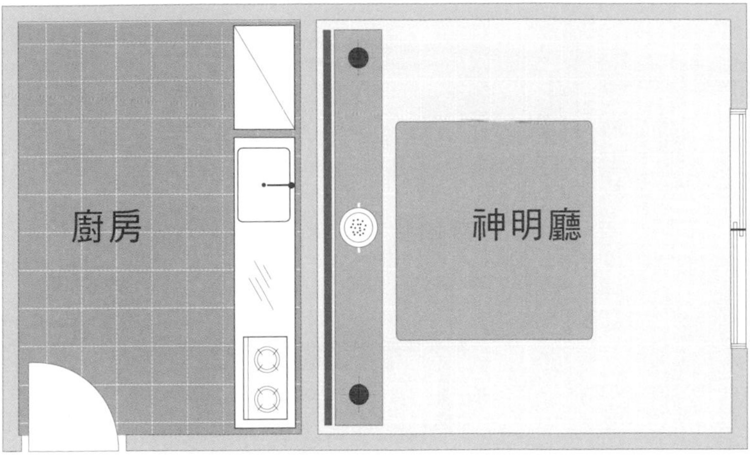

如有這種現象

神桌背後如為廚房，像是火燒神明，將會導致神明猶如坐在火爐上烤，神明就會坐不穩，神明坐不穩，家運就會不穩，嚴重者會導致退神、家運漸退之象！

化解方法

建議在神桌和廚房間再隔一道空間來做化解，或是另覓他處安置神桌。要化解此煞氣，可在神桌後之牆壁安置一組36帝古錢來化解。

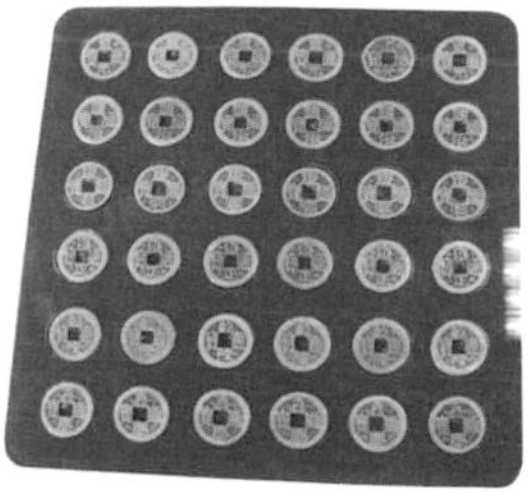

36枚古錢

臥房在神桌上方

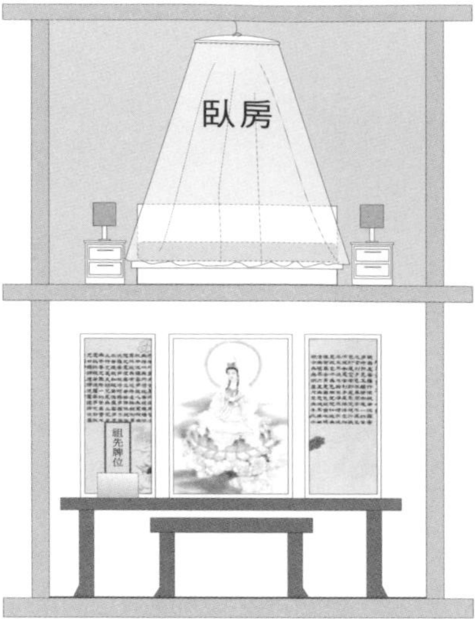

如有這種現象

神明地位崇高，住宅如果為透天厝，建議神桌需安置在最頂層，不宜安置於樓下，不然將神明踩於腳下，主為大不敬。床位設置神桌正上方，會有多夢、睡眠品質差的現象。

化解方法

建議重新安置神桌，如果無法調整神桌，建議神桌正上方之位置宜保持淨空，不可擺設大型家具、床或是當走道使用。

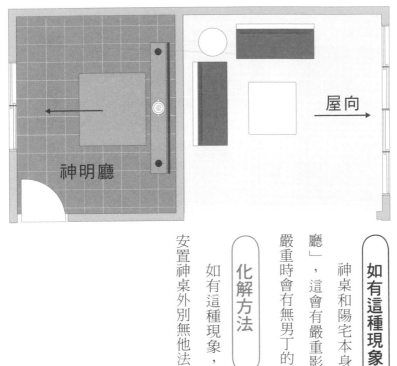

神桌座向和宅向反背

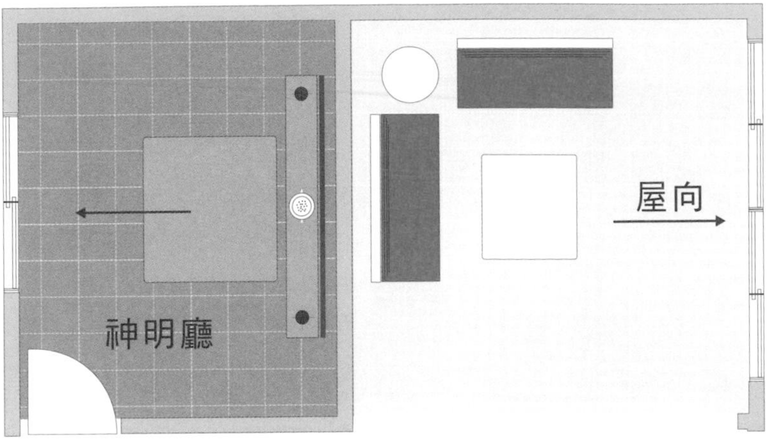

如有這種現象

神桌和陽宅本身之座向相反，就是俗稱之「倒頭廳」，這會有嚴重影響家運之效應，且家人會不睦，嚴重時會有無男丁的現象。

化解方法

如有這種現象，除重新安置神桌外別無他法。

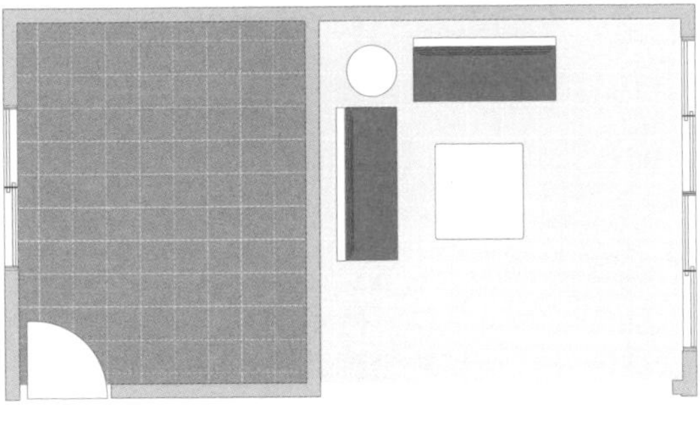

橫樑壓神桌

如有這種現象

神桌上方如有橫樑壓過，會產生重壓力之煞氣，家人會有腦疾、精神衰弱、長幼無序不分，嚴重時家運一直不好，所以一定要化解。

化解方法

建議重新安置神桌，如果無法重新移位安置神桌，最好將樑下之空間整平，形成另一道牆面，這樣就自然可以化解樑煞，裝潢材質要好一點。

如果不想裝潢，至少也要在樑的兩邊各吊一串五（六）帝錢。

六帝錢

銅麒麟

神龕切到祖先牌位

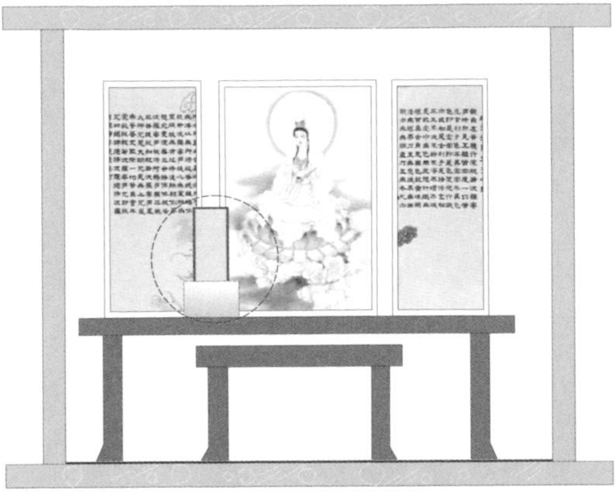

如有這種現象

神桌上之神龕過小或是牌位過大，造成神龕邊框切到牌位，這樣也叫壁刀，會有不好的現象產生；切左邊會傷到男性家人，切右邊會傷到女性家人。更需注意脊椎背部方面疾病的發生。

化解方法

建議請專業老師擇日重新安置牌位或神龕，才能解決。

神桌下不可放置任何東西

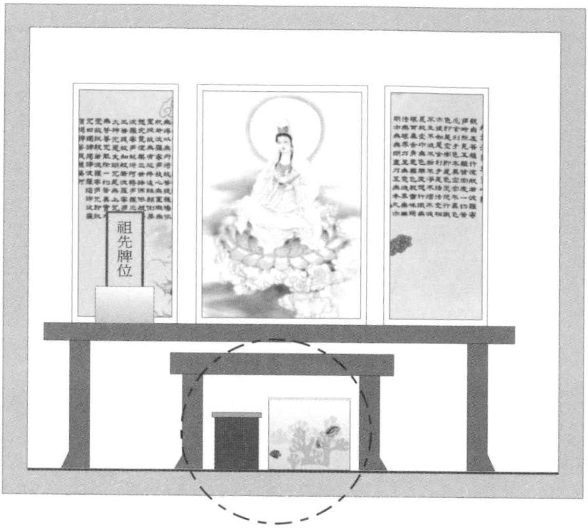

如有這種現象

神桌下方應該保持乾淨，不可堆放雜物，尤其是魚缸或是電器物品；如果為魚缸，會有「正神落水」的現象，有退神和大漏財之現象。

化解方法

就是保持乾淨，不要堆積任何雜物，這應該不困難吧！

神桌後方爲樓梯

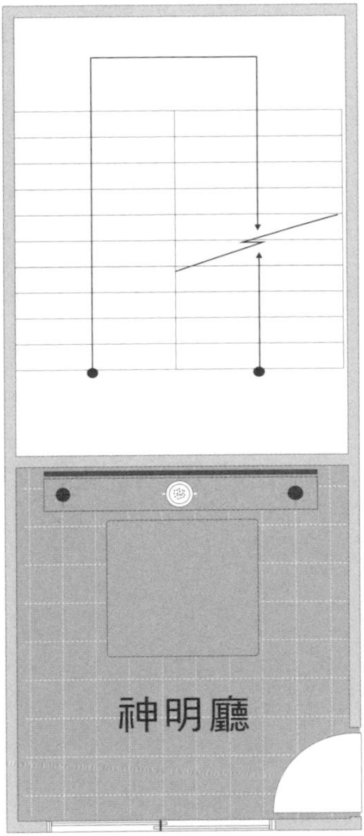

如有這種現象

神桌背後為樓梯很常見，會導致家裡運勢越來越弱，有嚴重漏財的現象。

化解方法

要化解此煞氣，可在神桌後之牆壁安置一組36帝古錢來化解。也可以在樓梯和神桌牆面間再隔出一個空間，即可化解此效應！

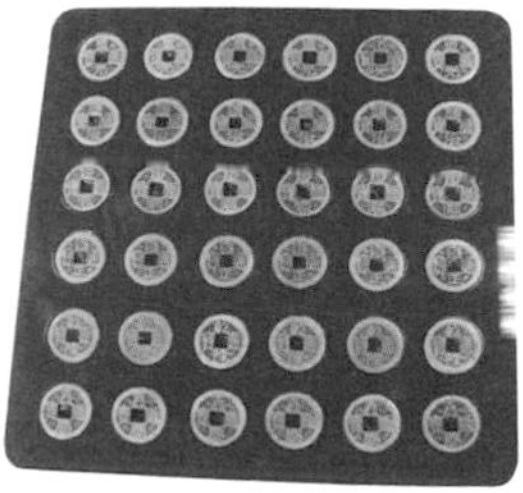

36枚古錢

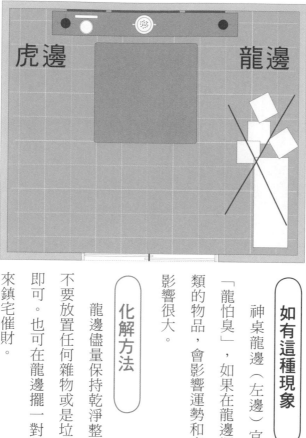

神桌龍邊不宜雜亂

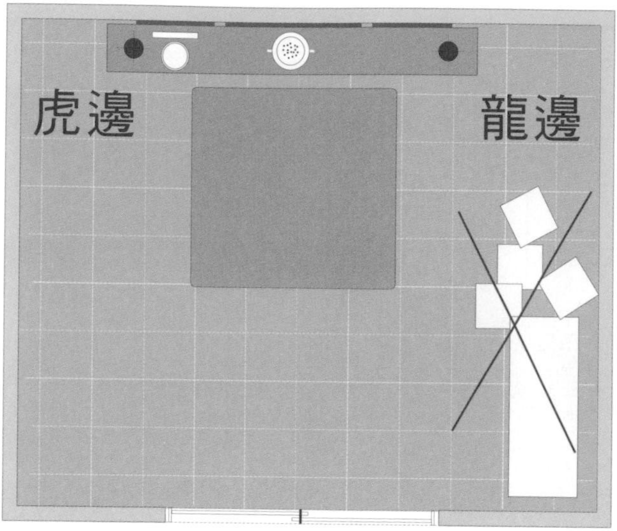

如有這種現象

神桌龍邊（左邊）宜保持乾淨整齊，因為「龍怕臭」，如果在龍邊擺放垃圾桶或是雜物之類的物品，會影響運勢和事業，而且對家中男性影響很大。

化解方法

龍邊儘量保持乾淨整齊，不要放置任何雜物或是垃圾筒即可。也可在龍邊擺一對麒麟來鎮宅催財。

銅麒麟

祖先牌位緊貼牆面

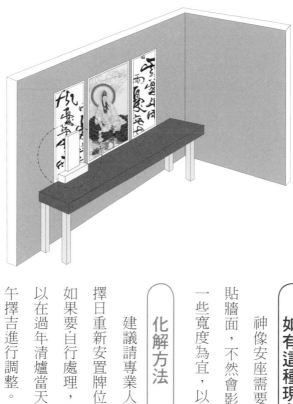

如有這種現象

神像安座需要靠牆，但祖先牌位反而不可以緊貼牆面，不然會影響子孫之前途。牌位和牆面宜留一些寬度為宜，以文公尺吉為準。

化解方法

建議請專業人士擇日重新安置牌位，如果要自行處理，可以在過年清爐當天上午擇吉進行調整。

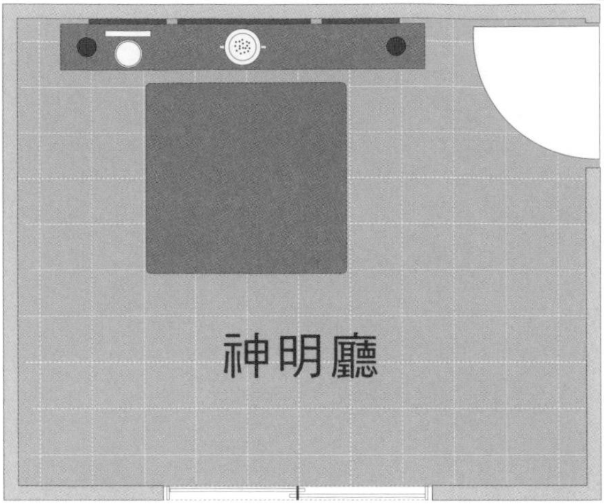

神桌不可沖門

如有這種現象

神桌兩旁不宜被門或路所沖，不管是房門、廁所門或是廚房門都不宜；其中以廁所門和廚房門的影響最大，會有家運不穩、易犯小人的現象。

化解方法

在神桌被沖到處加設一道屏風來作化解，記住屏風到神桌之距離要符合文公尺吉數。

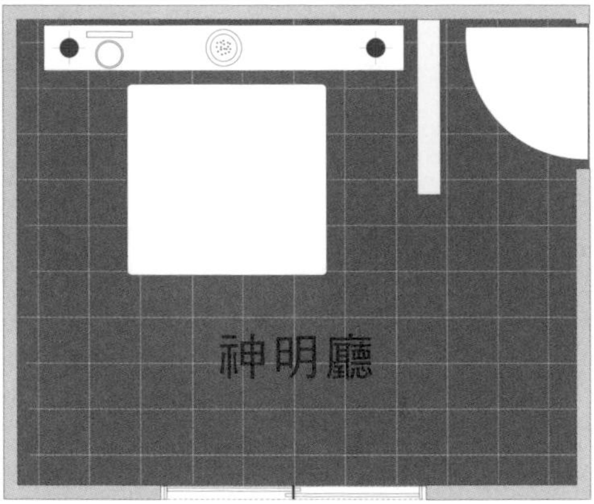

第九節 開運制煞品介紹和化解方法

麒麟

麒麟在風水學上是鎮宅化煞之吉祥物，能轉禍為福、招財催丁。此外麒麟在中國習俗亦代表著高官權貴，所以家中擺設麒麟也象徵招富貴、招吉祥之意。

以麒麟作為家宅守護獸，不但「護主亦不傷人」，同時還有招財招子、消災解厄、驅陰鎮宅化煞之功效，開運用途廣泛。

要化解外煞時，將麒麟正對沖煞之位置，頭朝外安置即可達到化解之效果。

適用煞氣

1、化解二黑五黃之煞氣。

2、化解三煞：舉凡動土之三煞都可化解。

3、化解犯太歲。

4、化解曜煞：即開到曜煞門或是宅之曜煞方有形煞沖射之情形，若不加以制化，流年一到必定凶多吉少。

5、化解靈媒煞：即屋宅座空亡或出卦時、宅氣弱或人丁不旺時，可安奉求福及求取正財，防小人陷害命格，易犯小人者宜安麒麟化解。

龍

古人以龍為高貴祥瑞之象徵。龍為四靈之首，在風水應用上從旺氣、制煞到招財、聚財都有不錯之功效。

龍喜水，所以要放於靠近水的地方，可以將龍頭朝水源處亦可，如果房子四周都無水源，則可以將龍擺於屋宅之正北方，這樣對使用祥龍招財最為有利。

龍之祥瑞之氣強大，可以鎮壓百煞、招福納祥，所以除招財外也可以用來化煞，擺設龍化解煞氣，可以將龍擺於室內頭朝外或是正對煞氣安置。

適用煞氣

1、居於無尾巷運勢無法開展，可在家中青龍邊安置三座青龍化解。

2、防小人陷害：犯小人之情形時，可以在辦公桌之左前方安置青龍，以鎮小人，有助於職位升遷或事業順利推展。

3、化解白虎邊高逼之煞氣。

4、化解陰煞之氣：家中男丁少、女生多、陰盛陽衰、欲求旺丁者；或屋旁樹蔭多、陰氣重，可安青龍增強陽氣。

5、房間太大而氣不聚者：安在魚缸上或旁側，吸水納喜，或安在屋宅之生氣方，或財位、或是門窗旁朝外吸納水氣。

貔貅

貔貅是中國古代的一種瑞獸。

貔貅為何會被拿來招財，因為其曾觸犯天條，玉皇大帝罰祂只能以四面八方的金銀財寶為食，且只能吃不能拉，所以貔貅肚子就是一個聚寶盆，同時還能催旺官運。貔貅性情非常兇猛，擅長鎮宅鎮煞，鬼魅看到貔貅都十分畏懼，所以當屋宅外面有煞氣時，特別是陰煞，荒廢空屋、陰廟等，用貔貅來鎮煞化解效果特別好。另外像屋角煞、穿心煞、白虎煞、鐮刀煞等，也可以用貔貅來做化解。

適用煞氣

貔貅招財，可以將貔貅公母一對放於陽宅之財位上，貔貅最大的特點是他沒有肛門，金銀財寶只進不出，因此他主催偏財、旺正財。

凡是財運不佳之人，貔貅會幫您出去招財，會咬金銀財寶回來討主人歡心，因為他對守財很有一套，所以您也可以將貔貅擺放於收銀台上或是保險箱上，讓他幫您緊緊看住收進來之錢財，有聚財作用。

鎮宅之貔貅，只需將貔貅頭朝外或是朝煞方安置就可以。

三十六枚六帝錢

古錢在風水應用上極為廣泛，可以說是體積小卻功效大之開運法器「吉祥物」。

古錢為何有化煞招財之功效呢？因為古錢之造型外圓內方，也就代表天圓地方天地合抱之象徵，具生生不息之氣，就像太極陰陽之原理。另外古錢為何常會取其清朝當代盛世所流通之錢幣呢？因清朝前六個皇帝代代相傳維持其盛世，為中國歷代以來少見，取其旺氣一脈相傳之意。

而三十六枚古錢，除上述古錢所具備之化煞功效外，再取其「三十六天罡」極陽之數，能有效化解宅內各式氣場不穩或是沖射。

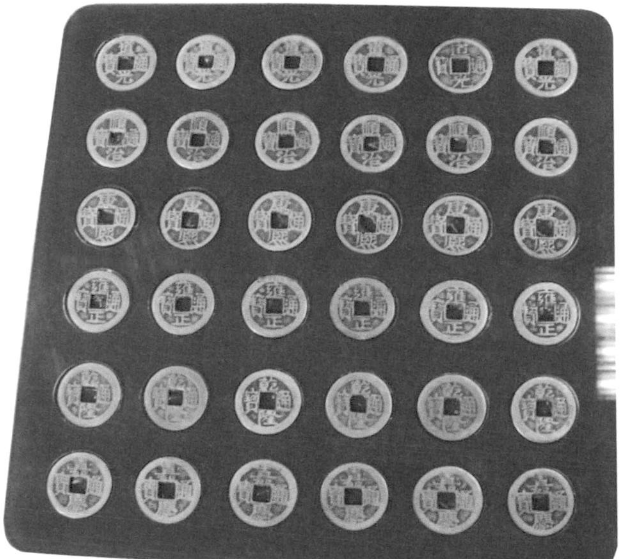

三十六枚古錢最好取六帝組合而成最佳；順治、康熙、雍正、乾隆、嘉慶、道光。

適用煞氣

1、化解夾煞：房子比周邊房子低矮或是兩邊房子比本身房子高。

2、化解前高後低、或是房子內地勢高低不平。

3、化解包袱屋：屋後增建。

4、化解位於車道上方，或是廚房懸空及前陽台臥室位於騎樓上等煞氣。

5、化解水溝穿宅之煞氣。

6、提升宅氣。

7、區隔不好之氣場：如緊鄰宮廟、臥室位於神桌後方。

8、形成氣牆：化解沙發無靠。

9、化解缺角煞。

道光　嘉慶　乾隆　雍正　康熙　順治

六帝錢排列建議順治在龍邊起

文昌筆

毛筆是文房四寶之一，自古以來一直是中國文學之象徵，中國人普遍認為毛筆是具有啟發的物品，可以用來招功名。

另外毛筆也是功名之象徵，家中安置毛筆小孩會開竅變聰明，「文昌帝君」是我們中國人，尤其是古代讀書人所崇敬之守護神，為掌管考運、佑助功名文章之神靈。頗為歷代讀書人所信仰尊奉，是故凡家中未供奉文昌帝君者，亦可在家中文昌位上，安奉「文昌筆」以為象徵守護功名之神，以代表象徵神明文昌帝君臨宅，就近庇祐學子用功學習，學業進步考試金榜題名。

另外文昌筆為何要用四枝毛筆所組成，是因

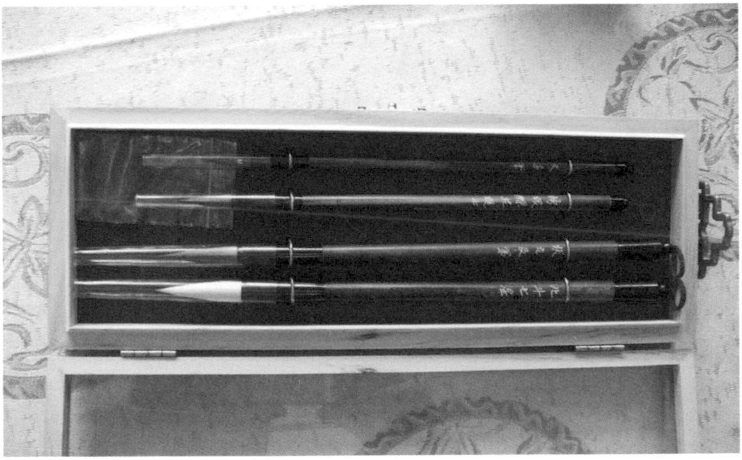

為陽宅玄空的「四巽」為文昌位，故取其四枝之涵義。

◎特別注意：

文昌筆建議不要擺於夫妻房內，以免有輕慢不敬之事。

文昌筆的功效

1、有助於家人讀書、考試順利求取功名之位置。

2、利於宅中人職務升遷。

3、有益於個人事業之發展，或公司業務之推展。

4、安置於書桌左前方或住宅之宅文昌或個人文昌位上。

5、文昌位無法擺設書桌設置書房，可改掛文昌筆代替。

山海鎮

所謂山海鎮：

・正中央畫上八卦太極圖。

・左右各安日（太陽）與月（太陰）。

・中間畫三山五嶽。

・四周是五湖四海、大船入港。

山海鎮具有移山倒海之力量，能將煞氣完全排除，具有顛倒陰陽之功效。所以在風水化煞上應用相當廣泛，面對各式形煞都有化煞效果，因為其能顛倒陰陽，鬼魅遇到會迷失方向，所以對於犯陰之地，可以說妙用無窮。

適用煞氣

1、化解路沖：明堂有馬路或水路直衝而來時。

2、化解官帽煞：如果住宅正對之房子形成官帽狀，主官司纏身。

3、化解反弓煞：明堂見水流或馬路呈反弓煞形狀。

4、明堂見大樹，陰氣甚重之時使用。

5、化解天斬煞：面對兩高樓間之夾縫。

6、化解位居無尾巷內。

7、化解緊鄰墳墓、宮廟、殯儀館、屠宰場……犯陰之處。

8、化解各式形煞：如壁刀、屋角、凹風煞、藥煞、小人探頭煞、槍煞、棺材煞……等都適用。

9、化解電磁煞氣：緊臨電箱、電塔、變電所……等。

五帝古錢

古錢為何有化煞招財之功效呢？因為古錢之造型外圓內方，也就代表天圓地方天地合抱之象徵，天地合抱則陰陽相成、化生萬物、具生生不息之氣，「五帝錢」為古錢當中應用最廣之法器，因為五帝錢取其「順治、康熙、雍正、乾隆、嘉慶」一脈相承之旺氣，就五行來看，五屬土，而土生金，金者為財，所以五帝錢既可化煞也能招財，真是好用。

1、古錢需要加持過才具有化煞之氣場。

2、安置五帝錢需照一定之順序和排法來做安置。

1、化解門對門之煞氣：家中如有門對門主多口舌，掛上五帝錢即可化解。

2、化解廁所門和房門相對之煞氣：如果家中廁所門和房門相對，廁所之穢氣會流入房內，對人之運勢和健康都會產生傷害。

3、化解背後無靠：如您辦公室背後無實牆可靠，主氣不穩，升遷會有困難，您可在您的坐墊底下放置一串五帝錢來穩住氣場，加強您的升遷運。

4、化解門沖灶：門沖灶主家人不睦漏財。將五帝錢安置於天花板上，可以為您帶來財運，也可以將五帝錢隨身攜帶，以收避邪納吉招財之功效。

5、適用於各式門煞。

羅盤

「羅盤」為地理師常用的勘宅工具，不過羅盤不單只是測量之工具，因為其盤中畫有：

- 先天八卦
- 河圖、洛書
- 二十四山方位
- 易經六十四卦
- 二十八星宿

上述之圖面集於一盤，如經過老師持咒開光過後，其鎮宅效力不輸於任何法器，尤其對於陰煞袪鬼魅化解之效果更是有目共睹。

開運制煞注意事項：安置羅經需要天地定位，而所謂天地定位，就是將羅盤調成「午上子下」之位置上。

開運制煞法

1、百煞：凡多種形煞不解時，可用羅經制化。

2、陰邪之氣：例如凶宅或犯陰之地鬼魅出入或屋旁有墳家中不平靜者。

3、磁煞：如近處有高壓電廠，干擾人體磁場時。

4、化解明堂雜亂、事業難成：明堂不清、應驗多病、吃藥、被人倒債、家人不睦。

5、化解門前有高壓屋、尖形煞、角煞、電桿煞、路沖、天斬煞、剪刀煞、割腳水、土煞等諸煞。

6、出門保身：當個人運氣不佳時，可用以自保、亦有調和陽宅磁場之作用，故可鎮宅或掛於車上，可保平安兼旺財。

聚寶盆

聚寶盆可以說是風水招財上，最受人喜歡和最為靈驗之吉祥物，不過聚寶盆在使用上需特別注意一點，那就是需放於貴宅之財位上，這樣才能充分發揮其效果，如果未能放於財位上，那效果就大打折扣喔！

而其材質也有所限制，最好為陶瓷製品，因為陶瓷五行屬土，土可以生金，金者為財，這樣聚寶盆才有招財效果喔！聚寶盆在陽宅財位擺放上，房間、客廳、書房都能擺放，一樣可以達到招財效果。

開運方法

1、首先擇一天納財或祈福之吉祥日準備安置聚寶盆。

2、先於盆底安置五帝錢，於四方和中間位置，代表五路財神；另外如果有招財符令也可以放置於盆底。

3、然後準備七寶石，再放上小羅盤鎮宅。

4、再來鋪上零錢或是紙鈔都可以，數量以228元為原則（建議將聚寶盆放置於住宅之財位，才能收其最大之功效）。

5、聚寶盆內的錢幣要時常保持流動，不然會形成死錢無法招財；保持流動之方法，就是將其聚寶盆內之錢拿來作為做事業及捐款用，同時留一些當錢母，然後再補入新錢，讓其「錢滾錢」，才能達到聚財之效果。

龍銀

傳說龍銀能形成龍神守護家宅，是招財借運最佳利器。龍銀，是清代時期所鑄造、龍形圖案的法定流通銀幣。龍銀的靈動力取自於當時皇帝下詔鑄造之懿旨，印有龍紋，貨幣價值高，非凡人可及，它可廣納財氣，因而龍銀為施展「借運法」的首要選擇。

但龍銀本身所蘊含招財之靈動力，必須加持開光方能引導啟動借運招財之效果。

龍銀招納的財氣以正財為主、偏財

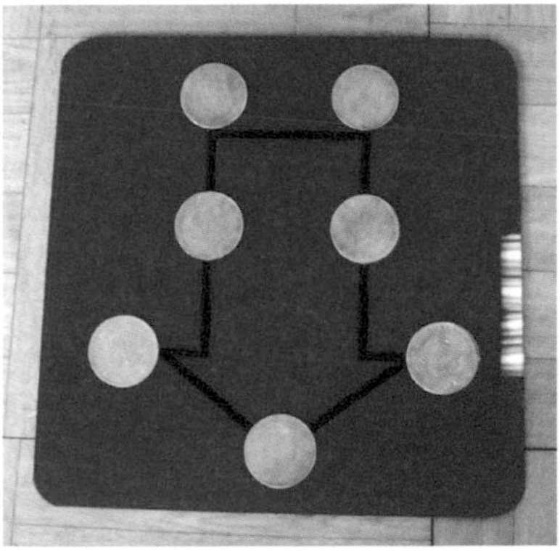

引財龍銀

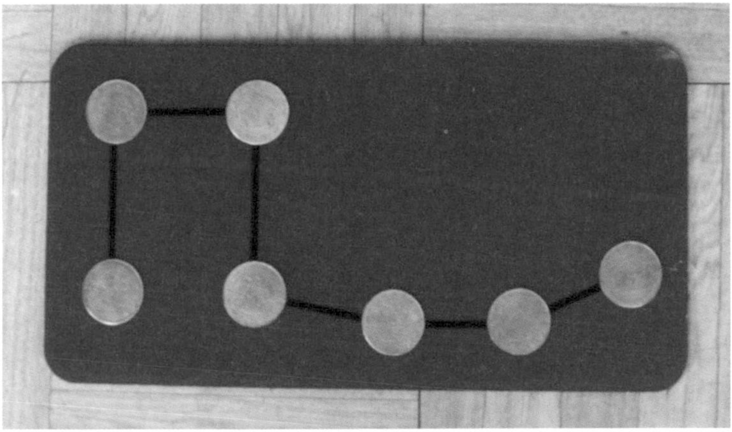

七星龍銀

為副，因為達官貴人多數以做官或經商致富，但少數也有天降橫財（突然挖到金礦、探墾油源等），所以也包含些許偏財運勢。而正財也包含遷職升官、或是開闢副業財源，凡用心經營，一步一腳印所奠定之事業根基皆為正財。

開運方法

古代的錢幣具有富有的象徵，現今用在引財、催財方面極恰當。

1、可運用在座落的房子接不到來氣時，箭頭朝門內方式做引財動作。

2、如有入不敷出時，可運用北斗七星防堵法，放在後門將漏財堵住。

乾坤八卦圖

1、八卦：鎮宅可趨吉避凶、移凶化吉之功能。

2、代表「乾」：山海鎮鎮宅化煞最靈驗。

3、代表「坤」：山海鎮可移凶化吉之功能。

4、九天應元雷聲普化天尊：可化明堂外型煞。

5、天師制萬煞符：加天師府法師印鑑加持，道法力量無比，可移凶化吉，避開煞氣侵害，神兵神將護駕保平安。

6、太陽星君：發揮長年護駕，鎮宅平安。

7、太陰娘娘：發揮長年護駕，鎮宅庇祐大小男女平安。

8、福星高照，招財進寶：發揮吉祥如意。

9、天官賜福對我生財：移凶轉吉增吉祥。

10、日日有見財：每日可財源廣進。
11、鎮宅光明：發揮家運昌隆吉祥
12、我家如山海：發揮家運旺勢如山海。
13、對我生正財：明堂煞，對我反為吉祥，移凶化吉。
14、財利符：可使家中財運順遂。
15、開運吉祥符：可使家中人丁運勢增吉祥。
16、旺店符：無論開店或在外做生意，生意興隆。
17、避免盜賊靈符：家中防盜賊，並防止被倒債或被騙損財。
18、五雷平安進財符：收斬外型煞，避邪，平安，財源廣進。
19、家庭大小和合符：家中老少男女和氣、安祥。

三十六天罡

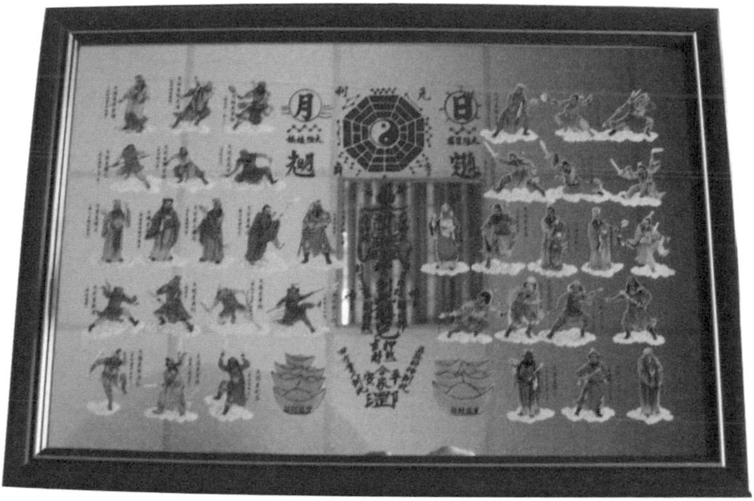

三十六天罡星是三十六尊天神星，專治七十二地煞，能驅內邪、押外煞之最大功效的妙用秘笈。三十六尊天星神像及天星名，是根據古代歷史封神榜演義留傳下來，作為化煞納福之聖品文物。一般廟宇之牆壁上畫雕作為化煞納福，古代留傳意義存在，筆者將三十六天罡星畫彫著作加符咒，無論住宅、商店、公司、行號，各其妙用，可驅內邪制外煞，例如：一般陽宅所犯到動土飛土煞、明堂煞、天秤煞、天斬煞，犯前後左右氣沖、凹風煞、巷沖路沖、電線桿、高樓高峰、小人探頭，犯前後左右氣沖，或家內神靈易鬧鬼、家人多怪病、個性怪異、凶氣入宅，或著陰邪侵宅、神位祖先犯陰、多病、瘟疫、桃花，宅主犯投資錯誤、虧損破財、官符是非口舌，或者犯盜賊、被盜被搶、被騙破財、失運藥毒、一時憂鬱之運衰退等，可以用三十六天罡符鎮宅，驅內邪押外煞，收斬邪符，移凶轉吉開泰運。最適合家中內懸掛一個，外懸掛一個，或每樓一個，得闔家平安納福、開運吉祥、財源廣進、生意旺盛，非常感應之效果非凡，比其他的化煞用品更有效應的聖品文物，非常吉祥，非常賺錢，家內保平安，婚姻美滿，子女孝道，中年事業有成，老人健康百事宜，世代子孫求上進出賢能。

第三章 十分鐘學會斷陽宅吉凶

第一節　安門及安神位的方法

在陽宅風水學上「門」是非常重要的，是一棟房子的氣口，也是人出入往來必經之處。【氣↓科學家稱為低週波】

氣走平地，門一打開氣隨即而來。吉方吉位開門所納入之氣，自然是吉氣，進入庭院宅舍之後而形成的好氣場，使人平安健康。

如果方位錯了，在凶方凶位開門，所進來之氣必然是惡煞惡氣，每天灌輸不好的氣場，如人吃錯了東西，或有害物質而災病不斷，從而影響主

人及其宅舍的衰敗。故建造陽宅時首先考慮立門。如：古代秘傳《門樓玉輦經》有非常詳細論述

地理書云：寧為人家造十墳，不為人家立一門，可見門的重要性有多麼大。門樓玉輦經，是專門論述房子（大門）的一門學問。

針對二十四山之中設了二十四種開門立向，各主吉凶。其法是：以陽宅坐上取定門之方針。如坐子山向午，以子山定門方位。

大凡發福久遠之宅，基本上都能符合門樓玉輦經的法度。

凡開門放水大小不同，鄉俗國度不一定，有以五音論者，有以八卦論者，有以生氣吉星貪狼論者，有以山向風水入龍論者。有以來路爻象年命吉星，一白、六白、八白星論者，用法不同，取用不一，也可以隨鄉入俗。

第二節　二十四山的順序

二十四門的順序是：

1、福德、2、瘟疫、3、進財、4、長病、5、訴訟、6、官爵、7、官貴8、自吊、9、旺莊、10、興福、11、法場、12、顛狂、13、口舌、14、旺蠶（產）、15、進田、16、哭泣、17、孤寡、18、榮昌、19、少亡、20、娼淫、21、姻親、22、歡樂、23、敗絕、24、旺財。

二十四山的順序是：

壬、子、癸、丑、艮、寅、甲、卯、乙、辰、巽、巳、丙、午、丁、未、坤、申、庚、酉、辛、戌、乾、亥。

量出房子方位後，就可依旋轉羅盤來定位，一下子就知道各方位吉凶。

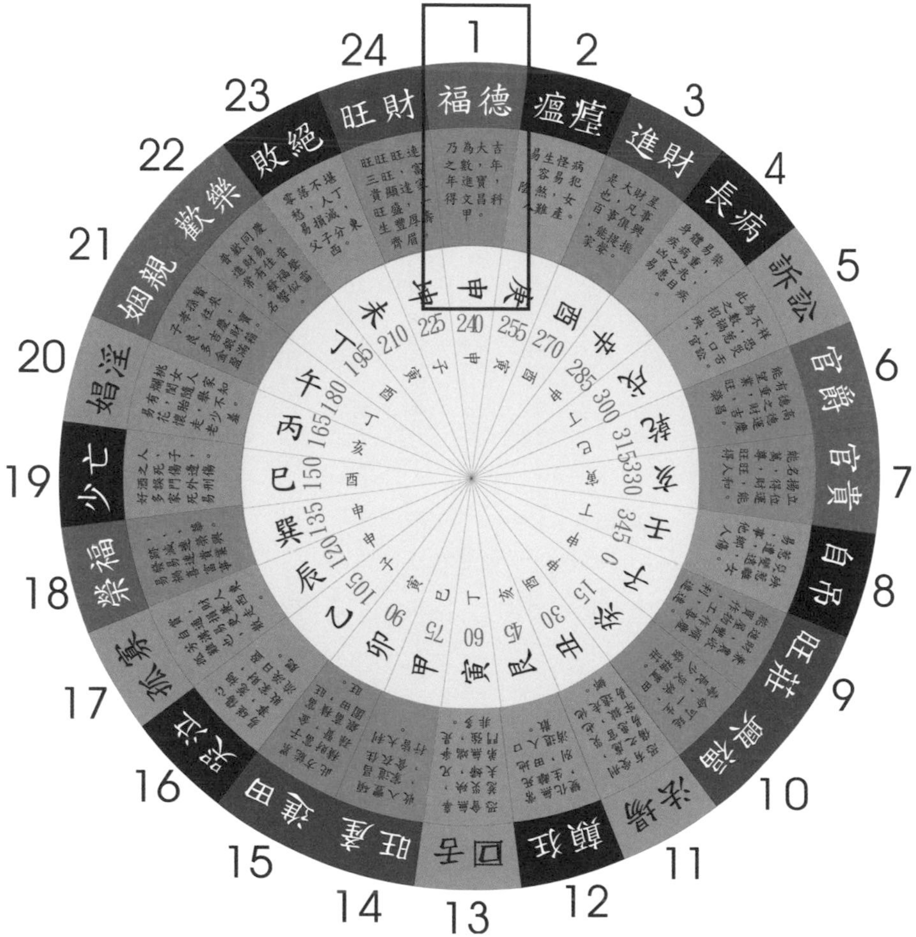
1 福德
2 瘟癀
3 進財
4 長病
5 訴訟
6 官爵
7 官貴
8 自吊
9 旺莊
10 興福
11 法場
12 顛狂
13 口舌
14 旺蠶
15 進田
16 哭泣
17 孤寡
18 榮福
19 少亡
20 娼淫
21 姻親
22 歡樂
23 敗絕
24 旺財

二十四位山星神歌訣：

此為陰宅放水口的口訣，今用來尋找神位及開門位均適用，不妨參考用之。

「福德」安門大吉祥，年年進財得田庄，東方招得角音契，貴子連連家聲揚。家中子弟得科甲，此門後代不尋常。

「瘟疫」之位勿安門，年年產業總空乏，怪異百般皆主見，家聲敗壞不盡言。更有陰人來自縊，女人生產命難存。

「進財」之位最吉祥，六畜興旺不可擋，加官進祿產業興，綿綿富貴達邦鄉。進財之位是財星，在此安門百事興。

「長病」之位不可當，家聲破敗少年亡，年年月月官方起，賣盡田園遭禍殃。此位安門立見凶，家長戶丁目疾患。

「訴訟」之位不是祥，安門招禍惹災殃，丁乏財散退兩難，哭泣搥胸受驚惶。田園口舌陰人耗，時遭官訟惱肚腸。

「官爵」安門最是祥，時常進出外田庄，生得貴子興家旺，財寶珍珠時寶箱。德業榮身入帝鄉，千般吉慶自榮昌。

「官貴」之位好安門，財運亨通官貴顯，人丁旺盛家和興，祿胎父子及文身。
定主名揚爵位尊，金銀財寶不需認。
「自吊」之門不可安，投河怪死又遭官，刀兵瘟火時常有，缺錢乏糧貧困難。
安門立見有災殃，離鄉自縊女人傷。
「旺莊」之位安門昌，定主三餘穀滿倉，奴婢成群家富足，貴能子孫滿所堂。
進財進寶及田莊，田農豐收來送喜。
「興福」之門延壽長，年年進契置田庄，加官進祿錢財旺，濟濟兒孫滿廂郎。
年年四季少災殃，家人發福置田莊。
「法場」之上見災殃，此位若逢定有傷，官非訟訴年年有，丁財退敗兩難當。
若安此位受刑傷，徒刑發配出他鄉。
「癲狂」之位正難當，軍賊更逢必有傷，孤寡少亡財寶退，定然耗散見官方。
生離死別及顛邪，田地消退人口散。
「口舌」之門大不祥，是非纏了又爭強，牽連官司年年起，最惹無辜橫災殃。
夫婦相煎逐日有，兄弟無端爭鬥強。

「旺蠶」之位最為強，歷代兒孫富蔭鄉，貴子雙雙登帝闕，祖宗受贈姓名揚。
六畜絲蠶皆大利，坐收米谷滿倉箱。
「進田」原是吉星辰，能招財寶子孫賢，更主外人來寄物，綿綿巨富更添丁。
進田位上福綿綿，金銀蓄積富園田。
「哭泣」若逢不可安，年年遭禍敗家財，時常凶禍災殃至，掃蕩田園又沒官。
哭泣之門不可開，悲號流淚日盈腮。
「孤寡」之方災大凶，拋離幼子及雙親，田蠶等物皆空耗，堂堂屋舍冷如冰。
六畜田蠶俱損財，更兼人散走西東。
「榮富」之門最吉昌，年年常見買田庄，牛羊興旺人聰俊，登榜兒孫姓字香。
發積家庭災禍滅，富貴榮華事業興。
「少亡」門下不可當，一年之內哭聲慘，怪禍喪家飛浪起，上山下水虎蛇傷。
好酒之人多誤死，家門傷子死外邊。
「娼淫」之位是堪憂，田地丁財退不休，室女貪花跟士走，修必淫亂事無休。
閨女懷胎隨人走，舉家老少不足羞。

「姻親」位上好修方，修之親戚盡賢良，蓄產田蠶常富足，滿家大小福威增。
時日往來多吉慶，金銀財寶盈滿箱。
「歡樂」門修更進財，一堂子孫都團圓，常有佳音人送來，遵法俱和守分安。
田蠶六畜皆興旺，發福聲名響似雷。
「絕敗」之門不可言，田庄漸退苦兒孫，公門橫禍時時起，父子東西各兩奔。
修必零落不堪愁，人丁損滅無蹤跡。
「旺財」富貴足財糧，千口一家不比常，顯達人丁家旺盛，兒孫代代姓名揚。
富貴陞遷任發揮，一生豐厚壽齊眉。

凡開門放水大小不同，鄉俗國度不一定，有以五音論者，有以八卦論者，有以生氣吉星貪狼論者，有以山向風水入龍論者。有以來路爻象年命吉星，一白、六白、八白星論者，用法不同，取用不一，也可以隨鄉入俗。

但有一個宗旨是不能隨意變動的，門樓玉輦經的安門方位首選山川形勢，如龍砂水不能配合成局仍不可取，龍吉、水吉、砂吉又能取用門樓玉輦經的吉利方位，必發福，萬無一失。

另外：從上面可以看出，門樓玉聳經比之八宅法要具體些、精細些，也多一些選擇的餘地，也為陽宅老師提供了更寬廣的英雄用武之地。用其斷事也可以斷得更具體更細緻、更準確一些。

第三節　應用二十四山選定吉利方位

一、福德門：福德安門大吉昌，年年進寶得田莊，主進科甲利名揚、又生貴子不尋常。（福德位安門對於官貴、人丁、財帛都很吉利、是二十四山中最理想安門方位之一，此門發福悠遠，福貴錦長。）

二、進財門：進財位上是財星，在此安門百事寧，福祿吉田蠶人口旺，加官加爵有名聲。（此門為財星，旺財快發。經云：「要發財造進財，要田莊興旺莊」之說。）

三、官爵門：安門官爵最高強，德業榮身人命鄉，庶士當年財大旺，千般吉慶人欽仰。此門仕人旺官貴，此為官星位。庶民百姓旺財帛，財為財星位。

四、官貴門：官貴位上好安門，定主名揚爵位尊，田地資才人口旺，金銀財寶不須論。（此為官星位。從古例及今例看，此門並不旺丁，並易損兄弟，為官步步高升，兄弟步步減少，後代生女多。）

五、旺莊門：旺莊安門正是良，進財進寶得田莊，如同水流來送契，大獲蠶絲利滾滾。此為財星位。用在鄉政府、農業部門及紡織廠造大門最吉。

六、旺產門：旺蠶門上好修方，此位安門家道昌，門畜蠶絲皆大利，坐收米谷滿倉箱。（此門一般為財星位。）

七、進田門：進田門上福綿綿，廣招財寶子孫賢，更有外人來寄物，金銀蓄積富田園。（此位極旺人丁，尤在外貿部門安此門最吉。）

八、歡樂門：歡樂修門更進財，常有外客送寶來，田蠶六畜皆興旺。發福聲名響似雷。（此為財星位。）

九、旺財門：旺財門上要君知，官貴升遷任發揮，顯達人丁家旺盛，一生豐厚壽齊眉。此為官星位，大旺官貴。利文途科甲。

十、興福門：興福安門壽命長，年年四季少災殃，仕人進爵加官職，庶民發福置田莊。（造此門主平安康壽、富貴。）

門樓玉輦經中所列的吉門，吉位多一些，細一些。現代電子的發展，越來越精密，越精密的東西，也就越科學。有些地方應用得法，速見良效。上面所列的十門均

為吉門吉方，但其中有大吉、中吉、小吉之分；也各有所主；比如「旺莊門」，在以農林業為主的縣、鄉府安旺莊門，對老百姓的生產收成就特別有利，年年增產慶豐收。「官貴門」民愛民尊，高就升遷，也是眾望所歸。「進田門」在外事、外貿單位、企業造此門比較理想。可交天下朋友。貨暢其流，財帛豐盈。

第四節　十門中什麼是財門、官門、人丁門

十門中取用財星、丁星、官星大致可分為：

財星：歡樂門、旺莊門、旺產門、興福門。

官星：官貴門、官爵門、進財門。

丁星：福德門、旺財門、進田門。

吉門吉星中結合五行，取我剋者為財星之位又臨上述各吉門吉星吉水發福必速必猛。

上述諸吉門都能應用得當，而任一個單位、企業、商場的大門、辦公、廚灶、營業、生產車間、道路等等無疑是大吉之局，然而事實上是很難面面俱到的，這一說吉星到位，那一說則臨凶方互相矛盾，那是常有的事。

這種時候選取什麼?運用乾坤國寶，取水之吉星吉水；二取門樓玉輦經之吉門；三取方位理氣之吉方。無論按哪個飛星，其中不要忘了：總以相生為吉，相剋為凶。

實際操作時，須面面顧及，權衡利弊，為我所用，善於通變，乃不失為趨吉避凶之道。

企業之財運找財星；單位之官運找官星。

財星也好，官星也好，均無一定之規，也不是單靠一學說就可以定吉凶，需要綜合考慮山川形勢，方位理氣、門樓玉輦經等學術的綜合參考應用，以及人的四柱五行旺衰偏枯而取定其所需的吉方吉位和時空，使其發生有益的生剋制化的時候，所定財星、官星方可臨旺當令主事，只有在這種情形下，其財星、官星才是有用的，才能夠發揮其效應和作用，而這種效應和作用來得快、來得速。

一個單位、企業的官星、財星在哪裡？在八宅派中的：生氣方、天醫方、延年方、伏位方，在門樓玉輦經的官貴方、官爵方、旺財方、旺莊方、福德方、進財方、進田方等。

第五節　如何替神明找到好方位

我們先前已談過門樓玉輦經之二十四山方位也可以運用在安神位上，所以運用此方法即可找到吉方位來安座神位或祖先排位。

宗教信仰、精神寄託、人類供奉神聖之位置，宜擇吉方。設計原則：要莊重、嚴肅，具有靈氣，尤其不能面對面地擺放，不能坐在流年凶煞之方。

流年逢寅、午、戌年，煞坐北。神位（包括祖先位），莫安置坐北向南。

流年逢亥、卯、未年，煞坐西。神位（包括祖先位），莫安置坐西向東。

流年逢巳、酉、丑年，煞坐東。神位（包括祖先位），莫安置坐東向西。

流年逢申、子、辰年，煞坐南。神位（包括祖先位），莫安置坐南向北。

神明廳是中國人生活上不可或缺的空間，神明及祖先靈位應該設在宅主的吉方，背後要有靠不能有樓梯、主臥室、廁所、電梯、爐具等等，最好是坐裡朝外，側坐也可但千萬不能面向宅後安神。神明四周保持乾淨，早晚上香，避免有壓樑、角射、電氣用品、樓梯下安奉，建議以立式神明桌為佳，配合擇日、開光讓家境平安，財源廣進。神明宜單不宜雙，一般住家以不超過五尊為要，祖先靈位在神明的右邊。

陽宅安奉神位可依「羅經」最外層（本中心所開發的羅盤，分8.6吋及2吋），依二十四山星起福德法，依二十四山星神，吉方安奉之（一分鐘就可找到最佳方位）。

只要運用本公司所開發的「塑膠旋轉羅盤」，想找好方位一下就搞定，這是一只非常實用的旋轉羅盤，有了它真的讓您一分鐘學會斷陽宅門位，神位之吉凶。

二十四山星神歌訣：使用方法

公式：

子癸申辰巽辛山在申（將申對準福德）；艮丙山在亥（將亥對準福德）；午壬寅戌山在丁（將丁對準福德）；乾甲山在巳（將巳對準福德）；坤乙山在子（將子對準福德）；卯庚亥未山在寅（將寅對準福德）；酉丁巳丑山在酉（將酉對準福德）。

例：坐子山午向

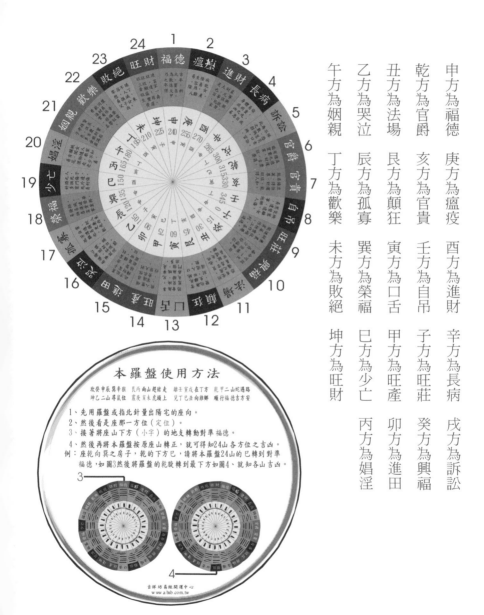

申方為福德　庚方為瘟疫　酉方為進財　辛方為長病　戌方為訴訟

乾方為官爵　亥方為官貴　壬方為自吊　子方為旺莊　癸方為興福

丑方為法場　艮方為顛狂　寅方為口舌　甲方為旺產　卯方為進田

乙方為哭泣　辰方為孤寡　巽方為榮福　巳方為少亡　丙方為娼淫

午方為姻親　丁方為歡樂　未方為敗絕　坤方為旺財

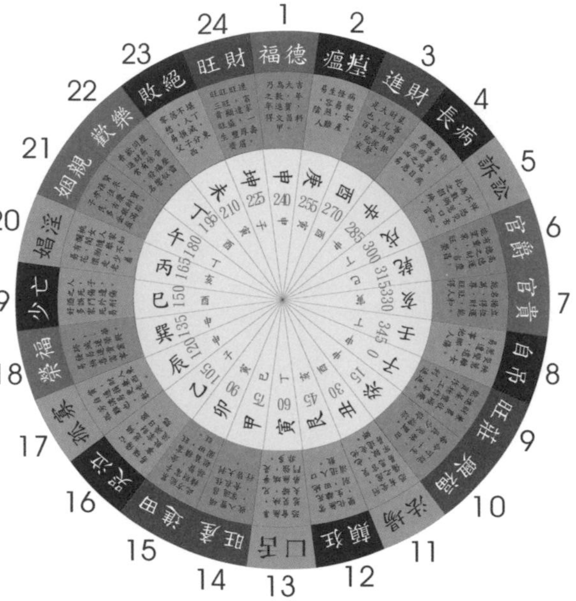

本羅盤使用方法

坎癸申辰巽辛猴　艮丙兩山趕豬走　離壬寅戌在丁方　乾甲二山蛇過路
坤乙二山尋鼠位　震庚亥未虎頭上　兌丁巳丑向雞鄉　順行福德吉方安

1、先用羅盤或指北針量出陽宅的座向。
2、然後看是座那一方位(定位)。
3、接著將座山下方(小字)的地支轉動對準福德。
4、然後再將本羅盤按原座山轉正，就可得知24山各方位之吉凶。

例：座乾向巽之房子，乾的下方巳，請將本羅盤24山的巳轉到對準福德，如圖3然後將羅盤的乾旋轉到最下方如圖4、就知各山吉凶。

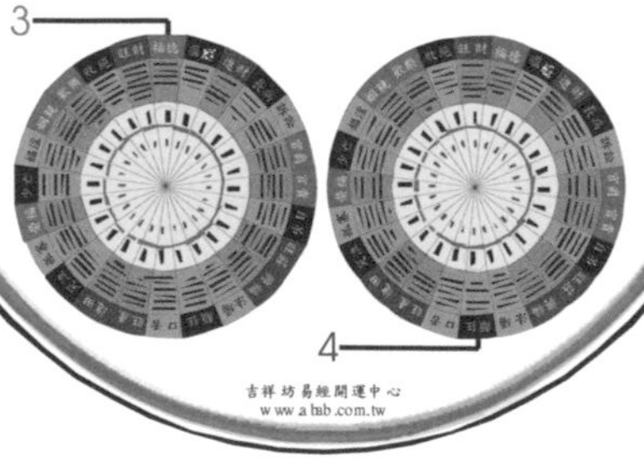

吉祥坊易經開運中心
www.abab.com.tw

「塑膠旋轉羅盤」，二十四山星起福德法，依二十四山星神，吉方安奉神位或開門（一分鐘就可找到最佳方位）如需「塑膠旋轉羅盤」，凡購本書讀者均可用半價取得且附贈2片教學DVD，（非讀者一律原價），作者也錄製一套：總合派陽宅教學DVD含【八宅明鏡、紫白飛星、三元玄空、乾坤國寶、形家陽宅】等五大派別及總合派陽宅論吉凶軟体一套，詳細資料可上官方網站www.abab.com.tw或來電洽詢04-24521393。

在裝修中宅主人，如要求製作神桌，要注意以下幾點：

神桌高度要用門公尺，即魯班尺，由地上量起至適合高度，取吉字為用。

神桌長度由左至右量起，至適合長度，取吉字為用。

神桌對面距離有宜超過神桌高度兩倍位為吉。

神桌對面不可有電線杆，屋內外角，柱子及一些礙眼之物。

神桌前日光燈，宜平行。

神桌不可高於門楣檻，謂之「銜劍」，主凶。

第六節　舊住宅的內部修繕與風水

中國人按傳統要求，對舊房屋三十年小修一次，六十年大修一次，名為「續氣」。可見房屋的修繕對於氣的流通和陰陽平衡是非常重要的。如破損的門窗，失修而雜亂的客廳與臥室，廚房、浴室中的阻塞水管，都像是病人的身體，需要治療。

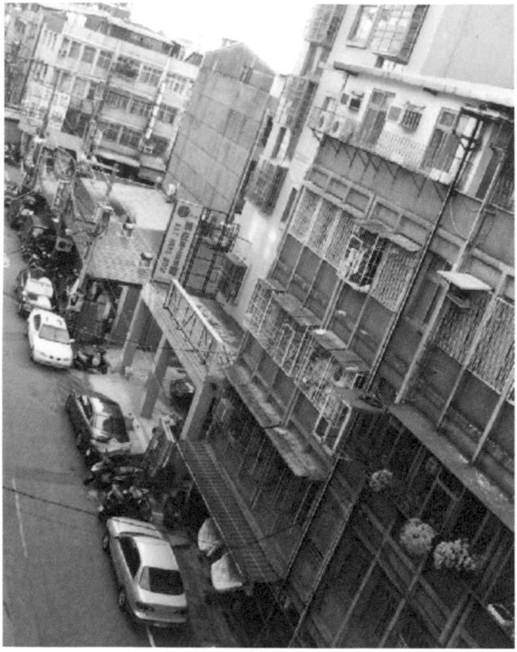

門的維護和保養極其重要。門象徵著人的嘴主納氣。所以，門必須容易打開，故門鈕必須潤滑。否則，房主人使勁開門、關門，以及門響的尖銳聲，不但分散室內之氣，也會損害居住者的體氣。門還要防止兩扇門互相碰撞發生吱吱呀呀之聲，這些都會傷氣和損財。窗戶有如人的鼻孔，亦會影響到居住者的健康，也要及時修復。否則門窗年久失修就如同人的口和鼻有病一樣，不是傷風感冒，就是口鼻生瘡。居住者會感到不舒服。

另外，漏雨的屋頂也要及時修復，否則，就應了中國民謠中的二句話：「老百姓有三怕：漏屋、破鍋、病老婆」。也是不吉利的。漏房，容易破壞室內平衡之氣。

有人會說裝修與房屋修繕，有什麼關係？我說有關係，裝就是安裝裝飾。修就是修理修繕。新的房屋要裝飾，舊的房屋也要改造修繕。

總之，一幢房子，總是由新到舊的。港澳臺星馬的華人，少則三至五年多則七至八年把住宅裝修一次，就是「續氣」。如同給病人治病和療養。他們相信這樣會帶來好運氣。

吉謙坊命理開運中心服務項目

一、綜合姓名、面相、陰陽宅、八字命理諮詢	1600元
二、綜合姓名學命書一本	600元
三、八字流年命書一本	1200元
四、奇門遁甲求財、考試、旅遊、合夥、婚姻、購屋、訴訟、盜賊、疾病等等吉凶用事方位	500元
五、逢凶化吉趨吉避凶轉運金牌，附八字流年命書一本	5000元
六、命名、改名附八字流年命書一本	3600元
七、公司命名附八字流年命書一本	5000元
八、擇日、起攢（撿骨）、火化、進塔	6000元起
九、一般開市、搬家、動土擇日附八字流年命書一本	1800元
十、嫁娶合婚擇日，附新郎、新娘八字流年命書一本	3600元
十一、剖腹生產擇日附72張時辰命盤優先順序	3600元
十二、陽宅鑑定及規劃佈局附男、女主人八字流年命書各一本	12000元起

十三、開運印鑑，附八字流年命書一本　9000元

十四、六分吉祥印鑑　1800元

十五、開運名片，附八字流年命書一本　3600元

十六、數字論吉凶（找尋最適合自己的幸運數字）　300元

十七、總合五大派陽宅學教學DVD（一次就學會五大派）　電洽

十八、八字（初中高階）、姓名學（多學派）、陰陽宅（多學派）、開運名片、開運印鑑、面相、擇日教學、安神公媽、國家丙級技術士禮儀師考證。　電洽

服務處：高雄市茄萣鄉茄萣路二段187號

電話：07-6922600　李羽宸老師　行動：0930-867707

網址：http://www.3478.com.tw　E-mail：chominli@yahoo.com.tw

網址：http://3478.kk131.com

感謝各位讀者，購買本書，上網有免費線上即時論命、姓名、數字等吉凶。

吉祥坊易經開運中心服務項目

一、命名、改名（用多種學派）、附改前、改後，命書流年一本	3600元
二、一般開市、搬家、動土、擇日、附奇門遁甲擇日	1200元
三、嫁娶合婚擇日 附新郎、新娘，八字命書一本	3600元
四、剖腹生產擇日 附12張時辰命盤，優先順序	3600元
五、陽宅鑑定及規劃佈局 附男、女主人，八字命書一本	12000元
六、開運印鑑 附八字流年命書一本	9000元
七、吉祥印鑑	2500元
八、開運名片，附八字流年命書一本	3600元
九、八字命理、陽宅規劃、姓名學、卜卦等多項課程招生	電洽

十、多種五術命理教學VCD、DVD請上網瀏覽

十一、姓名學、八字、奇門遁甲、紫微斗數、擇日軟体、請上網

十二、各類開運物品或制煞物品、請上網查閱

十三、總合五大派陽宅學教學DVD（一次就學會五大派） 電洽

服務處：台中市西屯區西屯路二段297之8巷78號（逢甲公園旁）

電話：04-24521393 黃恆堉老師 行動：0936-286531

網址：http://www.abab.com.tw E-mail：w257@yahoo.com.tw

網址：http://www.131.com 網址：http://www.131.com.tw

感謝各位讀者，購買本書，上網有免費線上即時論命、姓名、數字等吉凶。

國家圖書館出版品預行編目資料

10分鐘學會看懂陽宅風水／黃恆堉、李羽宸著.
－－第一版－－臺北市：知青頻道出版；
紅螞蟻圖書發行，2011.5
面　；　公分－－(Easy Quick；112)
ISBN 978-986-6276-79-8（平裝）

1.紫微斗數

293.1　　　　　　　　100008577

Easy Quick 112

10分鐘學會看懂陽宅風水

作　　者／黃恆堉、李羽宸
發 行 人／賴秀珍
總 編 輯／何南輝
校　　對／楊安妮、黃恆堉
美術構成／Chris' office
出　　版／知青頻道出版有限公司
發　　行／紅螞蟻圖書有限公司
地　　址／台北市內湖區舊宗路二段121巷19號（紅螞蟻資訊大樓）
網　　站／www.e-redant.com
郵撥帳號／1604621-1　紅螞蟻圖書有限公司
電　　話／(02)2795-3656（代表號）
傳　　真／(02)2795-4100
登 記 證／局版北市業字第796號
法律顧問／許晏賓律師
印 刷 廠／卡樂彩色製版印刷有限公司
出版日期／2011年5月　第一版第一刷
　　　　　2018年2月　　　第二刷(500本)

定價 300 元　港幣 100 元

ISBN　978-986-6276-79-8　　Printed in Taiwan